ウォレス D. ワトルズ
*Wallace D. Wattles*
宇治田郁江 訳

# 富を手にする「ただひとつ」の法則

The Science of Getting Rich

フォレスト出版

# 序文

本書は抽象的な理念ではなく、実践を目的として書かれたものです。理論の説明に終始したものではなく、実践のしかたを説いた「手引き書《マニュアル》」です。すぐにでも資金を得たい方、理論づけは後まわしにしてまずは豊かになりたいという方々を念頭におきました。これまで哲学的な思想を研究する時間や手段や機会はなかったけれども、その理論を利用したいという方、それが編み出された過程は知らなくても科学的な解決方法を学び、今後の行動の原則としたいという方々は、ぜひ本書を参考にしてください。

文中で述べた根本原則は、たとえば電気活動の法則についてマルコーニやエジソンらが発表した説のようなものだと思って、そのまますべて信じてください。信じて、おそれずためらわず実行すれば、その原則が真実であることがおわかりになるでしょう。それができる人は、かならず豊かになれるはずです。なぜなら、この原則は客観的で明確な科学的知識にのっとったものですから、失敗はありえないのです。

もちろん、さまざまな哲学理論を深く知り、この信条の論理的根拠を確かめたいと思われる方もあるでしょうから、思想家の一部をご紹介しておきましょう。

宇宙一元論とは「一は全であり、全は一である」という理論であり、物質界にある外観の異なる多くの元素《エレメント》は、あるひとつの物質が姿を変えた形だという思想です。

この思想はヒンドゥー教を起源とし、ここ二百年ほどの間にじょじょに、西洋思想の信頼を得るようになりました。宇宙一元論はあらゆる東洋思想の根本であり、さらにはデカルト、スピノザ、ライプニッツ、ショーペンハウエル、ヘーゲル、エマソンらの思想の根幹をなすものでもあります。

この思想の哲学的基盤をもっとよく知りたいと思われるなら、ヘーゲルとエマソンをお読みになることをおすすめします。

執筆にあたっては、盛りこむべき事柄よりも平明で簡明な文体を優先させ、内容をすみずみまで理解していただけるように配慮しました。

本書中でとりあげた行動計画は、哲学の理論をもとに導き出したものですが、徹底的に検証され、きわめてきびしい審査を通過して、実際に効果があると判断されたものです。

哲学理論にいたる過程に興味のある方は、先に挙げた思想家の著作をお読みください。

またこうした哲学者による理論の成果を、実践によって収穫したいと思われるなら、本書をお読みになり、内容のとおりに実践してください。

ウォレス・ワトルズ

# 富を手にする「ただひとつ」の法則　目次

# 第1章

# 富を手にする権利

貧しさが清貧であるとして、どれほど称賛されようとも、お金がなければ本当に申し分のない、順調な人生は送れないという事実に変わりはありません。また、十分なお金がなければ、自分の才能やこころの可能性を最大限までひろげることはできません。

なぜならこころをはぐくみ、才能を伸ばすためにはいろいろなものを利用する必要があり、それらを手に入れるためにはお金が必要だからです。

人間はさまざまなものを利用して知力とこころとからだを成長させますが、社会は、経済力がなければそれらのものを手に入れられないしくみになっています。ですから、人間としてあらゆる成長をしていくためには、まず、豊かになる方法をよく知っていなければなりません。

## 少ないもので満足することの不徳

あらゆる生命の目的は成長することであり、生き物にはみな、可能なかぎり成長する権利がありますが、それを他者に譲りわたすことはできないのです。

人間にとって生きる権利とは、知力とこころとからだを生きいきと活動させるために必要なもののすべてを、自由に無制限に使える権利といってもいいでしょう。それはつまり、経済力を持つことだと言いかえてもかまいません。

本書でお話しする豊かさとは、比喩的なものではありません。真の豊かさとは、少ないもので満足したりそれでいいと思ったりすることではないのです。

多くのものを手に入れ経験できるというときに、少ないままで満足することがあってはなりません。万物の目的は生命の成長と開花であり、人はだれでも生命の活力や気品、美しさや豊かさをもたらしてくれるものを手に入れるべきなのです。

手に入れないで満足するのは、神の摂理に反することです。

思いどおりの生活を送り、ほしいものをすべて手に入れられるのは、豊かな人だけです。自由に使えるお金がなければ、必要なものをなにもかも手に入れるわけにはいきません。

生活が向上し、ひどく複雑になった昨今では、ごく普通の人間が充実した生活を送るためには、ひじょうにたくさんのお金が必要となるのです。

むろんだれしも、能力の許すかぎりなにものかになりたいという願望をもっています。持って生まれた可能性を実現したいという願望は、人間に生まれながらに備わったものであり、我々はなにものかになりたいと願わずにはいられません。

人生の成功とは、なりたいものになることであり、さまざまなものを利用することによってのみ、それが実現できるのです。

もちろん、自由にものを利用するためには、それらを買えるだけの資力をもつことが必要です。ですから、豊かになる方法を学ぶことは、なによりもよく知っておくべきことなのです。

豊かになりたいと望むのは、なにも悪いことではありません。豊かさに対する願望は、いっそう恵まれて充実した、実りの多い人生を送りたいという願望であり、その願望は称賛されるべきものです。

今以上に実りの多い人生を送りたいと思わないなら、その人はひねくれ者です。必要なものを十分に揃えられる経済力を望まないなら、変わり者としかいいようがありません。

## 人生に掲げるべき三つの目標

我々は人生に三つの目標を置き、丈夫なからだをつくり、知力を鍛え、こころを豊かにするために生きています。これらのうちのどれかが優位に置かれたり神聖視されてはいけません。それぞれが同じように大切なのです。からだと知力とこころの三つのうちの、どれかが十分に生かせなかったり、うまく表現できないならば、充実した人生を送ることはできません。

こころのためだけに生きるのは正しいこととはいえませんし、貴いことでもありません。知力だけを鍛えてからだやこころをないがしろにするのは、誤りです。

知力やこころを省みず、肉体のおもむくままに過ごすなら、いまわしい結果を招きます。それを知っていればこそ、からだと知力とこころを使い、持てる力をあますところなく発揮することが、ほんとうの人生だと我々は考えるのです。

言葉でなんといおうとも、からだが活発に動き、あらゆる機能が十分にはたらかなければ、幸せや満足感をしっかりと味わうことはできません。

もちろん、知力やこころについても同じことがいえるのです。できるはずのことができないとか、十分な機能が発揮できないといった場合には、願望はかなえられないまま残ります。

願望とは、ためしてみたい可能性であり、実行してみたい機能です。

人間は、十分な食べ物と、着心地のよい衣服と、あたたかな住まいがなければ、からだを生きいきと活動させることはできません。過酷な苦労にさらされるのもよくありません。からだのためには、休息し気分転換をはかることも必要なのです。

また、書物や読書をするための時間や、旅行や観察をする機会がなく、あるいは知的な会話のできる相手がいなければ、知力をしっかりとみがくことはできません。

知力を十全に伸ばすためには、知的な娯楽が必要ですし、工芸品や美術品を身のまわりに置いて、使ったり、鑑賞したりすることが欠かせません。

こころを生きいきと活動させるためには、愛がなければなりません。お金がなければ、愛は逃げてしまうのです。

人間の最大の幸福は、愛する人に利益をもたらすことです。

愛のもっとも自然で自発的なあらわしかたは「与える」という行為です。与えることのできない人は、夫や父親としての、市民あるいは人間としての役目を果たすことができません。

さまざまなものを利用するからこそ、人間はからだを活動させ、知力を伸ばし、こころをひらくことができるのです。ですから、豊かになることはなによりも重要だということです。

豊かになりたいと望むのは、無理からぬことであり、ふつうの人間ならば誰しもそれを望まずにはいられません。

「豊かになる方法」にできるかぎり注意を払うのは、まったく自然なことなのです。

なぜなら、あらゆる学習のうちでそれこそがもっとも貴く、もっとも肝心なものなのですから。もしもこの学習を怠れば、自分自身と、神と人類への義務を怠ることになるのです。

なぜなら人間は、神と人類に対して自分自身を最大限に生かす以上に大きな奉仕はできないからです。

# 第2章

# 富を手にする「ただひとつ」の法則

豊かになるためには科学的な法則を知らなければなりません。これは代数や算術と同様に、客観的で明確な科学的知識です。

富を得る過程には一定の法則がはたらいていて、それらを学んで守りさえすれば、豊かになれるということが物理的真実として証明できるということです。

お金や資産は、《確実な方法》にしたがってものごとを行なった結果として手に入るものです。

**その確実な方法にしたがってものごとを行なった人は、意図的であろうと無意識であろうと、豊かになり、それとは逆にその法則を守らない人は、どれほど努力しようと、どれほど有能であろうと、お金に恵まれることはありません。**

同じことをすれば同じ結果が出る、というのが自然の摂理です。ですから、この確実な方法にしたがってものごとを行なうようにしさえすれば、だれでも間違いなく豊かになれるのです。

これからお話しすることを読んでいただけば、その言葉にいつわりのないことがおわかりいただけるでしょう。

## 成功を左右する条件

豊かになれるかどうかは、環境によって決まるわけではありません。

もしもそうなら、ある地区では近隣の人々がみな裕福になり、ある都市では住民のすべてが豊かになるのに、ほかの町の人々は残らずお金に困っている、とか、ある州の住人はありあまるほどの富を手にしているのに、隣あう州の住民は貧しいままである、といった状況が生まれるはずです。

けれども、いたるところで豊かな人とそうでない人は、隣りあって住んでいます。

環境も、ときには職業さえも同じです。同じ地域にふたりの同業者がいて、片方は貧乏なままなのにもう片方が金持ちになるとすれば、豊かになれるかどうかを決定する主な要因は環境ではない、ということがわかるはずです。

環境によって有利、不利はあるでしょうが、同じ地域の同業者のうち、片方は羽振りがいいのにもう片方はさっぱり、となると、豊かになるのは、《確実な方法》にしたがってものごとを行なった成果だと見るのが妥当なのではないでしょうか。

さらに、その確実な方法にしたがってものごとを行なうためには、ただ才能があればいいというわけではありません。なぜなら、多大な才能に恵まれた人が貧しいままであったり、才能に恵まれない人が裕福になることもあるからです。

豊かになった人たちのことを調べてみると、あらゆる点で平均的な人ばかりで、人と比べてとりわけ才能や能力に恵まれているというわけではないことに気づくでしょう。

その人たちがほかの人にはない才能や能力をもっていたからではなく、たまたま《確実な方法》にしたがってものごとを行なった結果であることが、はっきりとわかります。

豊かになるのは節約や倹約をした結果ではありません。けちに徹した人の多くがお金に恵まれないいっぽうで、金遣いのあらい人が裕福になることもめずらしくはないのです。

豊かになるのは、他人のしない方法でものごとを行なうからではありません。

なぜなら、ふたりの同業者がほとんど同じ仕事をしても、ひとりは成功し、もうひとりはうまくいかないか、あるいは倒産する、ということがあるからです。

こうしてずっと見てくると、豊かになるのは《確実な方法》にしたがってものごとを行なった結果である、と結論せずにはいられません。

《確実な方法》にしたがってものごとを行なえばその結果豊かになり、同じことをすれば同じ結果が出るというならば、それにしたがいさえすればだれでも必ず豊かになれるということです。

そして、ことのすべては、客観的で明確な科学的知識として説明できるのです。そうなると《確実な方法》がさほど難しいものではないにしても、少数の人にしか実行できないのではないか、という疑問が生じます。でもその心配はありません。

## どんな逆境にあっても必ず成功できる

今まで見てきたように、持ち前の性質はいっさい関係ありません。才能のある人も、頭の弱い人も、才気のある人も、鈍い人も、頑丈な人も、病弱な人も、みな豊かになっています。

もちろん、ある程度考え理解する能力は必要です。ただ、生まれつきの能力にかぎっていえば、この本に書いてあることを読んで理解する力さえ持ち合わせていれば、確実に豊かになれるのです。

環境が決定要因ではないということについても、すでに触れました。とはいえ場所はたしかに重要です。サハラ砂漠の真ん中に行かなければ成しとげられない事業もあるでしょう。

豊かになるためには、人と取引したり、取引をする立場に立つ必要が出てくるでしょう。相手が自分と同じように取引をしてくれれば好都合ですが、それはあくまで状況しだいです。

同じ街のだれかが豊かになれるなら、あなたにできないはずがありません。同じ州のだれかが豊かになれるなら、あなたにできないはずはないのです。

くり返しますが、これは特定の仕事や職業を選択するという問題ではありません。隣の同業者は貧しいままでも、あらゆる仕事、あらゆる職業で、豊かになることは可能です。

好きな仕事や、肌の合う仕事、才能を伸ばせる仕事をすれば大成功できるでしょうし、才能を発揮できる仕事をすればうまくいくでしょう。

さらに、その土地に向いた仕事をすることでも大きな成功をつかめるでしょう。アイスクリーム店を成功させるにはグリーンランドよりも暖地がよく、鮭漁をするなら鮭のとれないフロリダよりも北西部地方がいいに決まっています。

こうした常識的な限界はあるものの、豊かになれるかどうかは、特定の仕事に就いていることではなく、あくまでも《確実な方法》にしたがってものごとを行なえるかどうかにかかっています。今の仕事で、同じ地域の同業者は収入が増えているのに自分はどうも芳しくないというならば、その原因は相手と同じ方法でことにあたらなかったためなのです。

資金がないせいで豊かになれない、ということはありません。もちろん、元手があれば比較的簡単に短期間で増やせますし、資金があってすでに裕福であるなら、それ以上豊かになる方法を考える必要はありません。

今はお金がなくても、《確実な方法》でものごとを行なうことにすれば、豊かさへの第一歩、資金を手に入れるための第一歩を踏み出すことができるのです。資金を手に入れるのは、豊かになるための一つの過程であると同時に、《確実な方法》でものごとを行なえばかならず得られる成果でもあるのです。

もしも今、手元に資金がないとしても、資金を手に入れることができるでしょう。肌に合わない仕事をしている場合は、ふさわしい仕事をするようになるでしょう。場所が不適切であれば、都合のよい場所に移ればいいのです。

**今の仕事と今の場所から始めて、《確実な方法》でものごとを行ない、成功へと向かっていきましょう。**

# 第3章

# 機会《チャンス》は限られた人だけのものか？

機会が奪われたせいで、あるいはだれかに富を独占され囲い込まれたせいでお金に一生縁がない、ということはありません。たしかに一部の職業に就く道は閉ざされているかもしれませんが、別の道は開かれています。

ほぼ独占体制におかれた大規模な鉄道事業の経営にたずさわるのは、おそらく無理でしょう。けれども電気鉄道ならまだ揺籃《ようらん》期にあり、いくらでも事業を拡大する可能性がありますし、あと一、二年もすれば航空運輸が大きな産業となり、そこから派生した仕事に何十万、いや、何百万もの人々が従事するようになるはずです。

鉄道王のＪＪヒル[1]と競って蒸気鉄道事業に乗りだすことなど考えず、航空運輸業の発展に注意を向けてみてはいかがでしょう。

鉄鋼トラストの一労働者が工場のオーナーになる機会は、たしかにほとんどないでしょう。けれども《確実な方法》にしたがって行動を始めるなら、鉄鋼トラストの仕事をやめ、10～40エーカー[2]ほどの農地を購入して食糧の生産事業を起こすこともできるのです。

1）
James Jerome Hill，1838-1916 アメリカの鉄道王。1890年にグレートノーザン鉄道会社を創立。

2）
約12000坪～約48000坪

小さな区画の土地の収入で暮らし、そこで懸命に作物栽培に励む人は、今や大きな機会を手にしています。かれらは必ず豊かになるでしょう。

あなたは土地を手に入れることなどできない、と思われるかもしれません。しかし、それは不可能なことではありません。《確実な方法》にしたがえば、農地は手に入れられる、ということをこれから証明いたしましょう。

## 流れを読み、波に乗る

好機の波は周期ごとに、全体の必要やその時々の社会の発展段階に応じて、さまざまな方向に向かって流れるものです。

現在、アメリカでは工場労働者に、機会が開かれています。そして今後は農業および農業関連の産業や職業に、その波が向かおうとしています。

工場労働者を束ねる実業家よりも農家に応じる実業家に、労働者階級の役に立つ専門家よりも農家のために働く専門家に、機会が開かれているのです。

流れに逆らうのではなく、流れに乗ることで人は多くの機会に恵まれます。

つまり工場労働者は、個人としても全体としても、機会を奪われているわけではありません。労働者は経営者に抑圧されているのではありません。トラストや複合資本に酷使されてはいないのです。

労働者全体がその階級にとどまっているのは、《確実な方法》にしたがわないためです。

アメリカの労働者がその気になれば、ベルギー等の諸外国の仲間にならって大規模な百貨店事業や協同組合事業を立ち上げ、仲間を政権の座に送り、協同組合事業の発展を促す法律を通し、数年のうちにはその産業分野を取り仕切るようにもなれるでしょう。

《確実な方法》にしたがえば、労働者が経営者になる可能性も出てくるでしょう。富の法則はほかのすべての人と同様に労働者にも当てはまるからです。

労働者はみな、それを学ばなければなりません。そして今と同じ仕事を続けるかぎり同じところにとどまっている、ということも肝に銘じておかなければなりません。

しかし労働者ひとりひとりが、労働層全般に見られる無知や無気力のいいなりにならなければ、チャンスの波に乗り、豊かになることができるのです。本書ではその方法をお教えしましょう。

## 豊かさは無限に広がっていく

資源に十分恵まれないせいで豊かになれない、ということはありません。世界中の人々がありあまるほどの資源に恵まれています。

アメリカ一国の建築材料を使うだけで、ワシントンの国会議事堂なみの大邸宅が、世界中の家族に一軒ずつ、十分に建てられます。わが国で集約栽培をするならば羊毛、綿、麻、絹を生産し、世界中の人々に栄華の絶頂にあったソロモン王の盛装よりもさらにすばらしい衣服を供給できるのです。もちろん、世界中の人々を余裕をもって養えるだけの食糧も生産できるのです。

目に見えるものにさえ限りがないほど恵まれていますが、目に見えないものは、それこそ無尽蔵《むじんぞう》に与えられています。

**この世のありとあらゆるものは唯一の《始原物質》[3]に由来します。万物は、この物質によって生み出されたものです。**

あらたな形が次々につくり出されては古いものが消滅していきますが、それらすべては《唯一の物質》の変化した、さまざまな形なのです。

《混沌》[4]ともいわれる《始原物質》は無限に与えられるものです。そこから宇宙が生成されたのちも、《始原物質》は使い果たされることはありませんでした。目に見える宇宙空間のすみずみにまで《始原物質》や《混沌》や万物の素材は広がり、満ちています。かつてつくられたものの一万倍のものがこれからもつくられるでしょうし、そうなってもなお宇宙の根源物質の補給が絶たれることはありません。

つまり、自然に恵まれないから、あるいは十分に自然のものが行き渡っていないから、という理由で、豊かになれないことはないのです。

自然は限りない資源の宝庫であり、その恵みが枯渇することはありません。《始原物質》には創造のエネルギーがみなぎり、たえず多様な形態を生み出します。

3）
宇宙生成の過程で宇宙の出現前にただよっていた水素、ヘリウムなど。原物質、プリマ・マテリア、第一の物質、第一質料。

建築材料を使い果たしてしまったら、さらに多くの建築材料が生み出されるでしょうし、土地が不毛になり食糧や衣類の原料の生育ができなくなったとしても再生され、あるいはあらたな土壌がつくられるでしょう。

金銀がこの地上から採掘されつくされても、まだ人類が金銀を必要とする社会の発展段階にあるならば、《混沌》からあらたに金銀が生産されることでしょう。《混沌》は人類の要求にこたえ、かならずや良いものをもたらしつづけてくれるでしょう。

そのように、人類は全体としては常に資源に恵まれているのです。それなのに貧しい人がいるのは、その人たちが豊かになるための《確実な方法》にしたがっていないせいなのです。

《混沌》は知性をもった物質であり、思考力を備えています。《混沌》は生きていて、その生をさらに充実させたがっています。

今以上に充実した生を送ろうとするのは自然な、命あるものに本来そなわった衝動です。みずからを伸ばそうとするのは知性の本質ですし、みずからの境界を

4）
「唯一の物質」の別名。聖書の『創世記』冒頭には、「地は混沌であって、闇が深遠の面にあり、神の霊が水の面を動いていた」の文言がある。日本聖書刊行会『聖書　新改訳』より（以下同じ）

広げて十分に表現できるようになりたいと思うのは意識の本質です。

宇宙に存在するさまざまな形は、みずからをあますところなく表現しようとする《無形の生きた物質》から、望ましい形となって生み出されたものなのです。

宇宙はひとつの大きな《いのちをもった存在》であり、つねに生きいきとした生命活動と、より充実した機能をはたらかせようとしているのです。

自然は生命が進歩するために形づくられたものであり、生命の繁栄が原動力となっています。そのために、生命活動に役立つものはすべて、自然から豊富に与えられているのです。

神が自己矛盾しているか、みずから創造した自然を無に帰すというのでないかぎり、その恵みが不足することなどないのです。

資源に恵まれないせいでずっと貧しいままである、ということはありません。《混沌からの恵み》は《確実な方法》にしたがって行動し、考える人の意のままになる、ということをこの先でお話しすることにしましょう。

# 第4章

# 富を手にするための基本原則

《混沌》から形あるものを生み出せる力は《思考力》をおいてほかにありません。万物の源は思考力であり、《思考する物質》の思い描いた形が現実の形として生み出されるのです。

《始原物質》は、みずからの思考力にしたがって動きます。自然界に見られるあらゆる形象と変化の過程は、《始原物質》の考えたことを目に見える形で表現したものです。

《混沌》は、形を思考するにつれてその形をとりはじめます。運動を思考するにつれてその運動をするようになります。万物はまさに、そのようにして創造されたのです。

われわれの生きている世界は思考力によって生み出されたものであり、世界は思考力によって生み出された宇宙の一部です。運動する宇宙という思考が《混沌》のすみずみにまで広がり、その思考にしたがって《思考する物質》が動いていくうちに惑星体系という形をなし、その形を持続することになったのです。

《思考する物質》はその形となり、思考のおもむくままに運動します。

太陽と世界の旋回運動を思い描いた《思考力》はそのような形の天体を形成し、思考したとおりにその天体群を運動させるのです。

ゆっくりと成長していく樫の木を思考した場合には、それに応じて運動をはじめ、何世紀もの時を経て、やがて樹木を生み出します。

創造活動をするときには、《混沌》はみずからの定めた法則にしたがって動きます。一本の樫の木を思い描いただけで、いきなり大樹が形成されることはありませんが、定められた成長の法則にしたがって、樹木を創る力が活動を始めるわけです。

## 思考の中心にいる存在、それが人間

《思考する物質》の思い描いた形は多くの場合、定められた成長と活動の法則にしたがって現実の形となって創造されます。

ある種の様式をもつ家の設計を考えたとしましょう。

その考えは《混沌》に伝えられます。とはいえ、思いどおりの家がすぐに建つわけではありません。そのかわりに、すでに通商の分野で発揮している創造力をこの方面に働かせれば、短期間で家が建つかもしれません。

つまり創造力が発揮できないなら、有機物、無機物がゆっくりと進化するまで待つのではなく、今ある材料を直接使って家を建ててもよいのです。

**思考された形は《始原物質》に伝えられ、現実の形となって創り出されます。**

人間は思考の中心であり、ものを考え出すことのできる存在です。

人間の手でつくり出される形はみな、もともとは頭の中で考えられたものでした。人間が思考してはじめて、ものを現実の形にできるのです。

これまで人間は、人間のつくり出したものにしか力を注ぎませんでした。今まで、多くの形あるものに力を傾けて、既存の形を変えたり修正したり、ということばかりしてきたのです。

自分自身の思考を《混沌物質》に伝えて、新しいものを創造することなど、考えてもみませんでした。

人がものの形を思考するときには、自然界の形に素材を求め、こころに浮かんだ形を具体的にしていきます。われわれは今まで《混沌を支配する知性》と協力しようとは、つまり「神とともに」働こうとはしてきませんでした。「神がしておられることを見て行なえ」[1]るとは、夢にも思わなかったのです。

われわれは、人間の手でつくられた既存のものの形をつくり直したり修正したりしているだけで、自分が思い描いたことを《混沌》と対話しながらつくり出せるとは考えてもみませんでした。

本書ではそれが可能であること、だれにでもそれができること、またその実践の方法をお話しします。まずその第一歩として、三つの提案をしたいと思います。

## 豊かさを生み出す三原則

第一に、《始原物質》という混沌とした、万物を生み出した物質があることを確認しておきましょう。

あらゆる元素《エレメント》は、表面上は異なって見えますが、じっさいには、ひとつの元素がさまざまな形で現れているにすぎません。有機物、無機物に見られる多くの

1）
『ヨハネによる福音書』第5章19節

形はすべて、形が異なるだけで、まったく同一の物質からできています。

この物質こそ《思考する物質》であり、そこに伝えられた思考が、現実に形となって現れます。思考が、《始原物質》から形を生み出すのです。

人間は思考の中心であり、独創的な考えを生み出すことができます。もしも思考を《始原物質》に伝えることができるなら、思い描いたものをつくり出し、形にすることができるのです。ここまでを要約するとつぎのようになります。

一　万物の源は思考する物質です。思考する物質とは、始原の状態で宇宙空間のすみずみまで広がり、浸透し、充満しているものです。

二　思考する物質の中に生まれた思考は、思い描いたとおりのものを形成し生み出します。

三　人はさまざまなものの形を考えて、混沌に伝え、それが生み出されるよう、働きかけます。

この原則が正しいことを証明できるかとたずねられたら、詳細な検討はひとまずおいて、論理的にも経験的にも証明できる、とお答えしましょう。

形と思考をめぐる現象をつきつめると、その源は唯一の《思考する物質》であり、《思考する物質》が生み出すものは人間の思考によって決まるという事実に行きあたります。

多くの人が実践してくれたことで、この原則にまちがいのないことが証明されました。それがなによりの証拠です。

この本の内容を実践して豊かになった人がたとえばひとりしかいなければ、それは、私の証言が正しいことを示すわずかな例にすぎません。しかし、内容を実践した人が全員豊かになったのですから、同じことをして失敗する人があらわれない限り、それが私の理論を証明する確実な証拠だということです。

同じやり方で失敗する人が出てきたなら、この理論が正しい、という主張はくつがえされますが、この後も、この方法で失敗する人はいないでしょう。なぜなら、本書の内容を忠実に実践するかぎり、豊かになれないはずはないからです。

《確実な方法》にしたがってものごとを行なえば豊かになれる、ということはすでに説明しましたが、そのためには《確実な方法》にしたがって思考するようにならなければなりません。

## 外見にまどわされず、つねに真実を思考する

人間の行動を決定するのは、ものごとに対する個人の思考です。

思いどおりの方法でものごとをするためには、まず思いどおりにできる思考方法を身につけなければなりません。これが、豊かになるための第一歩です。

**思いどおりに思考するとは、見かけにまどわされることなく、「真実」を思考することです。**

思いどおりに思考する能力は、だれもが生まれながらに持ちあわせています。ただし、そのためには外見の印象から思考するよりもはるかに大きな努力が必要です。

外見を見て思考するのは簡単です。ですが外見にまどわされずに真実を思考す

るのは骨の折れることで、自分の果たすべきほかのどんな仕事よりもはげしく消耗する作業なのです。

継続して考えつづける活動ほど、避けたい作業はありません。世の中にこれほどの重労働はないでしょう。

とりわけ真実が外見と逆であるときには、その傾向が顕著です。この世のものの外観にはすべて、見る人の頭の中に対象と同一の形を生み出す傾向があります。それを避けるためには「真実」を思考するほかありません。

病気という外観を目にすると、こころの中に病気の形がつくられ、最終的にはからだにも病気が刻まれてしまいます。そうならないためには、病気ではなく病気という仮の姿が存在するだけで、本来の姿は健康であるという真実を思考しつづけることが重要です。

お金がない状態を見れば、こころにもそのような形が刻まれます。そうならないためにはお金に困っているどころか、さまざまなものに恵まれている、という真実をこころに留めておかなければなりません。

仮の姿とはいえ、病気に取り巻かれた環境で健康のことを考え、見かけはお金がないのに豊かさのことを考えるためには「力」が必要です。

けれどもこの力を獲得した人は、「卓越した知性の持ち主」となります。その人は運命を克服し、望んだものを手に入れることができるでしょう。

この力を得るためには、あらゆる外見の下に隠れた本質的な事実を理解することが必要です。そして、その事実とは万物の源はただひとつ、《思考する始原物質》だということです。

そこで育まれたあらゆる思考は形となること、またそこに伝えることによって思考を目に見える形にできるという真実を、われわれはよく理解しなければなりません。

これがおわかりいただけたら、すべての疑問と心配は晴らせます。なぜなら、われわれは思いどおりのものを想像でき、思いどおりのものを手に入れ、思いどおりのものになることができるからです。豊かになるための第一歩として、この章で挙げた基本原則を信条として守ってください。重要なことですから、ここで今一度くり返しておきましょう。

◎万物の源は思考する物質です。思考する物質とは、始原の状態で宇宙空間のすみずみまで広がり、浸透し、充満しているものです。

◎思考する物質の中に生まれた思考は、思い描いたとおりのものを形成し生み出します。

◎人はさまざまなものの形を考えて、混沌に伝え、それが生み出されるよう、働きかけます。

この一元論以外の宇宙の概念は放棄しなければいけません。頭にそれがしっかりと定着し、概念が身につくまで、一元論についてよく考えてみてください。

ここに挙げた信条を何度もくり返して読みましょう。すべての語句を記憶に刻み、考えをめぐらせてそれをしっかりと信じられるようになってください。

なぜこうしたことが真実であるかを聞く必要はありません。いったいどうしてこれが真実だろうかと悩む必要はありません。ただこれを信じてください。

豊かになるための科学的な知識は、この信条を絶対的なものとして受け入れることから始まるのです。

# 第5章

# 限りない恵みの世界

旧弊な信仰心は捨て去らなければなりません。恵まれない暮らしをするのは神のご意思ではありませんし、それを続けたからといってみこころに沿うわけでもありません。

すべてであり、すべてのもののうちにおられる《知的物質》は、すべてのもののうちに生き、あなたのうちでも生きておられる、意識をもった《生きた物質》です。《知的物質》には、あらゆる生きた知的存在（人間）と同様に、繁栄を求める性向と願望が備わっています。

いのちあるものはみな成長しつづけますが、それは、生きるという行為自体が、繁栄を目的としているからです。

一粒の種が地に落ち動きはじめると、生きて一〇〇個の実を結びます。いのちは、みずから活動することによって自分自身を増やしていきます。種は永遠に増えつづけ、いのちあるかぎり、その活動を続けます。

《知》も同様に、たえず発展していくものです。われわれがなにかを思考すると、そこからあらたな思考が生まれ、意識がさらに深まります。

ひとつを知ればかならず他のことも知るようになり、知識がつぎつぎに増えていきます。ひとつの才能を伸ばせば、別の才能も伸ばしたくなります。発露《はつろ》を求めるいのちによって、われわれはさらに知識を深め、行動を広げ、自分を高めるよう、駆りたてられていくのです。

知識を深め、行動を広げ、自分を高めるためにはさまざまなものを手に入れ、利用しなければなりません。多くのものが手元にあって利用できるのでなければ、学んだり、行動したり、なりたいものになることはできません。

充実した人生を送るためには、豊かになることが必要なのです。

豊かになりたいという願望は、わかりやすくいえば、豊かな生活を実現できる能力です。願望とは、可能性を実現させようとする活動であり、実現できる力があるからこそ、人は願望を抱くのです。

あなたに豊かになりたいと思わせたものは、植物を成長させる力と同様、発露を求め成長しようとする《いのち》なのです。

## 宇宙は、あなたの望んだものをもたらす

《唯一の生きた物質》は、万物に本来的に備わったこの法則にしたがって繁栄の願望に満ちています。そのために、さまざまなものを生み出さずにはいられないのです。

《唯一の物質》はあなたの中で繁栄することを望んでおり、そのためにあなたがあらゆるものを手に入れ、利用することを願っています。

あなたが豊かになることを、神は願っておられます。それは、あなたが多くのものを持てばそれだけ、あなたを通して神がご自身をいっそう豊かに表現することができるからです。あなたが資力に恵まれているほど、神はあなたの内部で繁栄されるのです。

宇宙は、あなたの願うものをなにもかももたらしたい、と望んでいます。

自然は、あなたのやりたいことを助けてくれます。

あらゆるものが、あなたの味方をしてくれます。

それが真実であるということを、こころに刻みつけてください。

**ただし、そのためにはあなたの意図するところが、万物の意図するところと一致しなければなりません。**

肉体の感覚を満足させるだけではなく、充実した人生を求めてください。生きるとは機能を働かすことであり、ひとりひとりがあらゆる機能を働かせ、からだと知力とこころの持てる力を偏りなく発揮してはじめて、充実した人生を送ることができるのです。

## 豊かになる本当の目的を知る

豊かになる目的は、本能のおもむくままに生きることではありません。動物的な欲望を求めるのでは、人生とはいえません。

もちろん、生きるためにはからだのあらゆる機能が働かなければなりません。からだの求めを自然で健康的な形であらわそうとしない人は、豊かな人生を送っているとはいえないのです。

豊かになる目的は、ただ精神的なよろこびを得、知識を増やし、野心を満たし、他人を凌駕《りょうが》し、有名になることではありません。これらはだれもが求めることですが、知識を増やすことだけを目的に生きている人はどこか満たされず、とうてい自分の運命に満足することはできないでしょう。

豊かになる目的は、ただ人々の幸せを願い、人類の救済に尽くし、慈善活動や犠牲的な活動をしてひとり満足することではありません。精神的なよろこびは、人生の一部でしかありませんし、人生のほかの要素とくらべてとくに優れているわけでも崇高なわけでもありません。

豊かになる目的は、飲食やそれにともなうよろこびにふけるためではありません。美しいものに囲まれるためでも、遠いところに旅するためでも、こころを育み、知力を発達させるためでもありません。隣人を愛し、親切な行為をし、世界が真実に目覚める手助けをするためでもありません。

人を思いやる気持ちが過ぎれば、極度な利己主義と変わらなくなってしまいます。自分を犠牲にして他人に尽くすことを神は求めておられるとか、そうすれば神の恩寵《おんちょう》を得られるというような考えは、放棄してください。こうしたことを、神はいっさい求めてはいないのです。

神が求めておられるのは、あなた自身の能力を最大限に活用することです。それはあなた自身のためにもなり、人のためにもなることです。**なによりもあなた自身の能力を最大限に活用することが、人を助けることにもなるのです。**

そのためには、まずはじめに豊かになる必要があり、その方法を最優先に考えることは理にかなった、称賛すべき行動なのです。

## 競争原理から抜け出す

《唯一の物質》は万物のことを考え、万物の繁栄のために活動するけれども、衰退のための活動はしないということを、忘れないでください。

《物質》はすべてのもののうちに等しく存在し、豊かさといのちの繁栄を求めるものだからです。

《知的物質》はあなたのためにさまざまなものを用意します。しかし、他の人からとりあげたものを回すわけではありません。

競争心は捨ててください。あなたはつくり出すのであって、すでにつくり出されたものを人と奪い合うのではありません。

だれからも、なにもとりあげる必要はありません。

ことさらに商売上手になる必要はありません。

だましたり、つけこんだりする必要はありません。低い賃金で人を働かせる必要もありません。

人の財産をうらやんだり、羨望《せんぼう》のまなざしを向けてはいけません。人が持っているものはみな、その人からとりあげなくても、手に入ります。

あなたは競争ではなく、創造的な活動をして望んだものを手に入れます。そうすることで、あらゆる相手に利益をもたらすことになるでしょう。

それと正反対のやり方をして巨額の富を得る人があることは承知しています。

少し補足しておきましょう。

富豪と呼ばれる人々は、たぐいまれな競争能力によって富を手に入れます。ときには、産業革命を通して民族全体を向上させるというかれらの崇高な目的と活動が、無意識のうちに《物質》の意図と一致することも起こります。

ロックフェラー、カーネギー、モルガンらの大富豪は、無意識のうちに《神》になりかわって、生産工業を組織化、編成するために必要な仕事を続けてきました。その結果、かれらの事業は万人の繁栄に多大な貢献をしたのです。

その全盛期もやがて終わり、製造過程を組織化したかれらに代わってこれからは、大衆の中から出た人が、流通機構の組織化をしていくことになるでしょう。

大富豪とは先史時代の恐竜みたいなもので、進化の過程には必要ですが、生み出されたと同じ《力》の働きで淘汰《とうた》されます。

大富豪の人々が実際には満ち足りた生活を送らなかったことは、銘記《めいき》すべきでしょう。この階層の人々の私生活の記録を見ると、だれよりもみじめで悲惨であわれな人たちだったということに、気づくはずです。

競争原理の働くところに財産を保管しても、安心はできませんし、安全でもありません。今日は自分のものであっても、明日はほかの人のものになるかもしれません。

科学的に確実な方法で豊かになろうとするなら、競争心を完全に放棄する必要があります。与えられるものに限りがあるとは、けっして考えないことです。

すべての富が銀行などによって「買い占められ」、支配されていると考えて、それを阻止する法律を通過させようと奔走《ほんそう》しはじめたら、またたく間に競争心が芽生えて、創造力は当面の間消え失せます。さらに悪いことには、すでに始めた創造的な活動も中断せざるを得ないでしょう。

## あなたを待つ限りない恵み

地上の山々には、何百万ドルもの価値をもつ金がいまだに日の目を見ず眠っている、ということを忘れないでください。

万一、今はなくとも、《思考する物質》から生み出され、補給されるということを、こころに留めておいてください。

資金が必要ならば、やがて与えられる時が来るでしょう。たとえそのために、明日急に千人を動員してあらたな金鉱を発見しなければならないとしても、その事実に変わりはないことを、忘れないでください。

**目に見える形で与えられたものではなく、《混沌》の中に眠る無限の豊かさに目を向けてください。**それらのものは今まさに、あなたのもとに向かう途中であり、届けばすぐに利用できるということを「理解」しておくことです。

だれかが目に見える資源を囲い込んでも、あなたに与えられる恵みを阻むことはできません。

家を建てる準備もしないうちから、急がなければよい場所がみなとられてしまう、とあせってはなりません。トラストや複合資本のことで悩んだり、かれらが地球全体を支配するのではないかと心配する必要はありません。

だれかに「先を越された」せいで望んだものが手に入らない、と心配することもありません。人の持ち物をほしがるのでなければ、その心配は無用です。

あなたは《混沌》からなにかが生み出されるよう、自分から働きかければよいのです。限りない恵みがあなたを待っています。ここに述べる公式をどうか、忘れないでください。

◎万物の源は思考する物質です。思考する物質とは、始原の状態で宇宙空間のすみずみまで広がり、浸透し、充満しているものです。

◎思考する物質の中に生まれた思考は、思い描いたとおりのものを形成し生み出します。

◎人はさまざまなものの形を考えて、混沌に伝え、それが生み出されるよう、働きかけます。

# 第6章

# 富は、どこからやってくるのか?

商売上手になる必要はない、とはいいましたが、それは、いっさいの取引をしなくてよいという意味ではありません。だれとも取引せずにうまくやっていけるという意味でもありません。

不公正な取引をする必要もありませんし、ただでなにかを手に入れることもないのですが、そのかわり、**だれに対しても受けとった代価にまさる価値をもたらすようにしてください。**

代価以上の現金を相手に渡すことはできませんが、代価にまさる「利用価値」を提供することは可能です。

たとえば、私が著名な画家の絵画作品を持っていたとしましょう。文明社会にいれば何千ドルもの値がつけられる作品です。それを北極圏のバフィン湾までもっていき、イヌイットに五〇〇ドル相当の毛皮と交換してくれないか、と「商売」を持ちかけたとしましょう。

相手がその絵を持っていても役に立ちませんから、実質的には私はその人をだましたことになります。それで相手の生活が豊かになることはないからです。

けれども毛皮を五〇ドル相当の銃と交換するというなら、相手にとっては掘り出し物となります。銃があればさらに多くの毛皮を手に入れ、十分な食料を確保できるでしょうし、あらゆる面で生活が向上し、豊かになるからです。

競争をやめ、創造的な仕事を始める場合は、それまでの商取引を詳細に検討するべきです。相手のもたらすものと比べてあなたの売るものが相手のためにならないようなら、その取引はやめることです。

商売で相手をだます必要はありません。万一、人をだますような商売をしているなら、すぐにやめるべきです。

だれに対しても、代価にまさる利用価値を提供してください。そうすれば、取引をするたびに、あなたのおかげで世界中の人々の生活が向上します。

人を雇っているなら、社員には、給料にまさる現金利益を出してもらわなければなりません。そのためには昇級制度を行き渡らせて、毎日の仕事が少しずつでも昇進につながるよう、社員に動機づけをするのがいいでしょう。

あなたが本書から受けたような影響を、社員にもたらす企業にしてください。

昇級制度を設け、努力をした社員が豊かになれるような仕組みをつくればよいのです。

念のためにいっておきますが、身の回りに充満している《混沌》から富を創り出すとはいっても、空気がひとりでになにかの形となって目の前に現れるわけではありません。

たとえば、あなたがミシンを手に入れたくなったと仮定しましょう。ミシンのイメージを《思考する始原物質》に伝えさえすれば労せずしてミシンが、部屋にいながらにしてつくり出されるわけではありません。

もしもミシンを手に入れたければ、強い確信をもって、それが現在製作中であるか、または自分の手元に運ばれる途中であると信じるのです。いったんその思考が確立されれば、ミシンがもうすぐできあがることを絶対的に無条件に信じて、まもなく届くことだけを、考えたり話題にしたりするべきです。すでに自分のものだと宣言するのです。

望んだものは《至高の知》の力によって、人の心に作用し、あなたのもとに届くでしょう。メイン州に住んでいるなら、テキサスの人や日本人との取引で望みのものが手に入れられるかもしれません。

そうなれば、その取引はあなたひとりではなく、相手にも利益をもたらします。《思考する物質》は万物を通して、万物の内側から、万物と語り合いながら万物に影響をもたらすものだということを、けっして忘れないようにしてください。

生活の充実と向上を求める《思考する物質》のおかげで、今までに多くのミシンがつくられたのです。望みと確信をもって《思考する物質》に働きかければきっと、これからもさまざまなものが数限りなく創り出されることでしょう。

一台のミシンが確実にあなたのところに来たように、ほかのものを望んだ場合も、あなたはそれを確実に手に入れ、あなた自身の生活だけでなく人の生活も向上させることができるのです。

## 神は人を通じて、その意思を具現化される

ためらうことなく、多くを求めてよいのです。

「あなたがたの父である神は、喜んであなたがたに御国をお与えになるからです」[1]

と、イエスもいっておられます。

《始原物質》は、あなたがあらゆる可能性を伸ばし、できるかぎりのものを手に入れ利用して、豊かな生活を送ることを望んでいるのです。

さまざまなものに恵まれたいというあなたの願望はまさに、十分にご自分をあらわそうとなさる《全能の神》の願望そのものです。それをはっきりと意識に刻みつけるなら、あなたの確信は不動のものとなるでしょう。

以前私は、ひとりの少年がピアノの前にすわって鍵盤をたたき、音楽を奏でようとむなしく努力している姿を目にしたことがあります。

その子どもは演奏できない自分を嘆き、かんしゃくを起こしていました。なにが原因でそんなにいらだっているのかとたずねると、子どもはこう答えました。

「ぼくの内側では音楽が鳴っているのに、指が思うように動いてくれない」

少年の中で鳴っていた音楽は、万物のあらゆる可能性をはらんだ《始原物質》の「衝動」であり、少年を通して音楽をあらわそうとしていたのです。

1）
『ルカの福音書』第12章32節

《唯一の物質》である神は、人の形を借りて生き、多くのことを行ない、さまざまな経験をしたいとお望みです。

「この手で立派な建物を造り、美しい音楽を演奏し、みごとな絵画を描きたい。この足で仕事に行き、目では美しい創造物を見、この口で力強い真実のことばを述べ、すばらしい歌を歌いたい」とお望みなのです。

あらゆる能力は、人を通じて表現されることを求めています。神は音楽を演奏できる人がピアノやその他の楽器を手に入れて、才能を最大限に伸ばすことをお望みです。

美の価値のわかる人には、美しいものを身の回りにおくことをお望みです。真実がわかる人には、旅をして見聞を広めることを求めておられます。衣服の真価がわかる人には美しい衣服を着ることを、おいしい食べ物の味がわかる人には上質な食べ物が与えられることを望んでおられるのです。

こうしたことを神がお望みになる理由は、「ご自身」がそれをよろこばれ、その価値を認められるためです。演奏したり歌ったり、美を鑑賞したり、真実を述べたり美しい衣装を身に着けたり、おいしい食べ物を食べることとは、神ご自身の願望なのです。

「何事でも自己中心や虚栄からすることなく、へりくだって、互いに人を自分よりもすぐれた者と思いなさい」[2]と使徒パウロは書いています。

あなたがさまざまなものを手に入れたいと思うのは、ピアノを弾く少年を通してご自身をあらわそうとされたように、あなたを通してご自身をお示しになろうとする「造物主」の願望のあらわれなのです。

ですから、ためらうことなく多くを求めてよいのです。

## 求めよ、さらば与えられん

あなたのなすべきことは、ひとつひとつを明確にし、神のお望みを実現することです。

多くの人にとって困難な点は、貧しさと自己犠牲を神がおよろこびになるという、旧弊な考えに囚われているところです。

2）
『ピリピ人への手紙』第２章13節

多くの人は、貧しさは神のご計画の一部であり、もとより必然的なことだとみなしています。神が天地創造の仕事を終えられ、創れるものをすべてお創りになった以上、十分にものが行き渡っていなければ自分は貧しさに甘んじるべきだ、と考えているのです。

このような間違った思いにとらわれているために、豊かさを求めるのは恥ずかしいことであり、生活に困らない程度の、適度な収入以上のものは望まないようにしているのです。

私は今でも、ある受講生のことを覚えています。

私はかれに、「ほしいものをはっきりとイメージに描いてごらんなさい。そうすれば創造的な思考が《混沌》に伝えられますよ」といいました。

受講生の生活は苦しく、借家に住み、その日暮らしで、あらゆるものが与えられるということが理解できませんでした。教えられた言葉をじっくりと考えた末に、寒い季節に新しい敷物と無煙炭ストーブを求めたとしても、無理はないだろう、と思い至ったのです。

本書の教えにしたがって、受講生は数カ月のうちにそれらのものを手に入れました。そうしてはじめて、自分の求め方が足りなかったことに気がついたのです。そこで、家じゅうを点検してあらゆる改善点をまとめあげ、ここに出窓があればとか、そこに部屋がひとつあれば、などのイメージを加えて理想の家を頭の中で完成させてから、家具調度についても計画しました。

頭の中にイメージの全貌を描き、《確実な方法》にしたがって生活し、その願望に向かって行動した受講生は、今ではその家を買いとって、イメージの通りに家を建てかえている最中です。

そして、いっそうの確信をもって、さらにすばらしいものを手に入れようとしています。それができたのは、かれが強い確信をもっていたからであり、あなたにも、もちろんわれわれにも同じことができるのです。

第7章

# 富をよぶ「感謝の気持ち」

前章では、豊かになるための第一歩は、望むもののイメージを正確に《混沌》に伝えることだということが、ご理解いただけたことでしょう。

じつは、そのためにはあなた自身が《無形の知》と結びつかなければなりません。

《無形の知》と親密な関係をつくることはなによりも重要ですので、ここで紙面を割いて、神のみこころと完全にひとつになるための確実な方法をお教えしましょう。

そのためのこころの動きのすべては「感謝」ということばで説明できます。

最初の段階では、すべてのものを動かす《知の存在＝神》を信じます。つぎの段階では、この《存在》が望みをすべてかなえてくれることを信じ、最後には、こころからの深い感謝をあらわすことによって《存在》と結びつくのです。

ほかのことでは申し分のない生き方をしている人の多くが、感謝の気持ちをもたないために豊かになれないでいます。かれらは神からひとつの恵みをうけとると、感謝することを怠って、神とのつながりを断ち切ってしまいます。

豊かさの源の近くにいれば、いっそう多くの豊かさを享受できるのと同じで、感謝に満ちた生活を送れば、感謝の気持ちをもたずに神から顔をそむける人よりもずっと神に近いところにいられるのです。

われわれが《神》に感謝を寄せれば寄せるほど、多くのものがもたらされます。よりよいものがますます早く与えられます。それは、感謝に満ちた態度が、われわれのこころを、恩寵《おんちょう》の源である神の近くに引き寄せてくれるからにほかなりません。

感謝の気持ちをもつことによって、あなたのこころと宇宙の創造力との親密な関係が深まるというのは、意外な考え方かもしれません。でもよく考えれば、それがたしかに真実であることがおわかりになるでしょう。

あなたがすでに持っているすばらしいものの数々は、確実な法則にしたがってあなたのものとなりました。感謝の気持ちをもてば、こころがひらかれてさまざまなものがもたらされて、創造的な思考に近づき、競争心と無縁でいられます。

感謝の気持ちをもてば、《ありとあらゆるもの》に目が向き、限られたものしか与えられないという、希望を打ちくだくような誤解をせずにすむのです。

## 感謝の法則

じつは感謝にはある法則がはたらいていて、望みがかなうようにするためには、絶対にその法則を守らなければなりません。

《感謝の法則》とは、作用反作用は常に均等に、それぞれ反対の方向に向かって働くという自然の法則です。

《神》に感謝の気持ちを伝えることは、力を解放して外に出すということです。それはかならず神に作用して、瞬時にその反作用を受けるということです。

「神に近づきなさい。そうすれば神はあなたがたに近づいてくださいます」[1]というのは、心理学的真実をいいあてた言葉です。

さらに、強い感謝の気持ちを持ちつづければ、《混沌》からも強い反作用が続いて、あなたの望んださまざまなものが、たえずあなたに向かって動いてきます。

イエスの感謝に満ちた態度を見てください。どのような場面であっても「わた

1）
『ヤコブへの手紙』第４章８節

しの願いをきいてくださる父よ、感謝いたします」[2]という言葉が聞こえてくるではありませんか。

感謝の気持ちがなければ、大きな力を発揮することはできません。あなたと「力」を結びつけているのは、感謝の気持ちなのですから。

けれども感謝のすばらしさは、将来の恩恵にのみあるわけではありません。感謝の気持ちがなければ、現状に不満を感じないで過ごすことができなくなります。

現状への不満をぐずぐずと抱いてしまうと、ものごとはうまくいかなくなります。陳腐《ちんぷ》なもの、平凡なもの、貧相なもの、見苦しいもの、みすぼらしいものにばかり目を向けるようになり、心の中にそれと同じ形が生まれます。

そうなると、あなたはそのイメージを《混沌》に送ることになり、陳腐で貧相で見苦しく、みすぼらしいものがあなたに届くことになるでしょう。

見劣りのするものに心が向いてしまうと、あなた自身もだんだんと見劣りがするようになり、見劣りのするものが身の回りに集まるようになってきます。

その反対に、すぐれたものに注意を向けると、すぐれたものが身の回りに集ま

2）
『ヨハネの福音書』第11章41節～42節に同様の表現がある。

ってきて、あなた自身もとてもよい状態になるでしょう。

われわれは《思考する存在》ですが、《思考する存在》とはみずからの思考した形をとるものなのです。

感謝の心は、常に善なるものに向けられているため、善なるものになろうとします。最良の形や性質を帯び、やがて最良のものを受けとるのです。

また、確信とは感謝するこころに生まれるものでもあります。感謝の気持ちは善なるものを期待して、その期待はやがて確信に変わります。

感謝の気持ちに対する反作用は、その人のこころに確信を生み、感謝があらわされるたび確信を深めます。感謝の気持ちのない人は、確信を持ちつづけることはできませんし、確信しつづけることができなければ、今後の章で説明するように、創造的な方法で豊かになることはできないのです。

あなたにもたらされる素晴らしいもののすべてを、いつも感謝するようにしなければなりません。

もちろん、あらゆるものがあなたの成長のために役立ったのですから、万物に対しても感謝するべきです。

大富豪や鉄鋼王の汚点や不法行為を考えたり話題にしたりして、時間を浪費してはいけません。かれらが組織をつくってくれたからこそ、あなたは機会を手にすることができたのです。かれらがいたからこそ、あなたはさまざまなものを手に入れることができたのです。

腐敗した政治家に腹を立ててはいけません。かれらがいなければ、世の中は無政府状態になり、あなたの機会も格段に減少します。

神は長い時間をかけてひじょうに忍耐強く、現在の産業や政治をもたらしてくださいました。そして、神はこれからもずっと創造的な仕事を続けていく意思をお持ちです。

大富豪や鉄鋼王や大実業家や政治家がいなくなっても、まちがいなく十分なみわざを行なわれるはずですが、当面のあいだはかれらが役立つとお考えです。かれらはみな、あなたが豊かになるための、いわば送電線を用意する手助けをしているのです。

ですから、かれらのすべてに、感謝しなければなりません。そうすれば、あらゆるものの中にある善とあなたは一体になり、あらゆるものの中にある善があなたに向かってくるのです。

# 第8章

# 「確実な方法」にしたがって思考する

第6章の「家のイメージを心に描いた受講生」の話をもういちど読んでみてください。そうすれば、豊かになるための第一歩がどういうものかが、ほぼ理解できるでしょう。

望みのものがあれば、頭の中にその明確で具体的なイメージを描かなければなりません。自分の考えを伝えるためには、自分の頭で考える必要があるのです。自分が理解できないものを、人に伝えることはできません。したいことや手に入れたいもの、なりたいものについてあいまいでぼんやりとした考えしかないために、多くの人はそれを《思考する物質》に伝えることができないのです。

漠然と「なにかよいことをしたいから」豊かになりたいと思うだけでは不十分です。それはだれもが考えることです。

旅行をして見聞を広め、人生を充実させたいと願うだけでは不十分です。だれもがそのような願いはもっています。

たとえば、あなたが友達に電報を打つことになったとしましょう。アルファベット表を送りつけ、受け取る相手に文字を組み立ててメッセージを作成させるようなことはしないでしょう。辞書から無作為にとり出したことばを並べるだけでもないでしょう。当然、筋の通った、意味のある文章を送るでしょう。

あなたの求めるものを《物質》に伝えるときには、理路整然とした言葉で伝えなければならない、ということを忘れないでください。望むものがなんであるかを知り、明確にすることが必要なのです。

ぼんやりとしたあこがれやあいまいな願望を伝えたとしても、豊かになることも創造力を働かせることもできません。

家じゅうを点検した受講生と同様に、自分がなにを望んでいるかについてじっくりと見きわめ、手に入れたいものの明確なイメージを思い描いてみてください。たとえば船乗りが航海の間いつも目的地の港のことを考えているように、その明確なイメージをたえず心にうかべて見つめてください。舵手が羅針盤を決して見失うことのないように、あなたもそれを見失ってはいけません。

集中力を高めるための練習をする必要はありません。祈りをささげたり自分を鼓舞する言葉を唱えたり瞑想をしたり、神秘主義《オカルト》のまねごとをする必要もありません。

そういったことが役に立つ場合もありますが、あなたに必要なのはただ、心から望むものがなんであるか、どうしても手に入れたいものがなんであるかを知り、それを考えつづけることだけです。

時間があるときはつねに、そのイメージに思いをめぐらせてください。もちろん、こころから求めるものがなんであるかをつき止めるために、わざわざ集中力を高める練習をする必要はありません。努力しなければ注意を向けられないようでは、それはあまり大事なものとはいえません。

こころから豊かになりたいと願い、それも強く願って、磁石を引き寄せる磁極のように目的に思考を集中させるくらいでなければ、本書の指示を実行する価値はないでしょう。

## 強く望み、確信をもつ

ここでご紹介する方法は、豊かになることを強く望み、怠惰や安楽に流れる気持ちを十分克服し、努力できる人のためのものです。

イメージが明確で具体的になるにつれて、また、工夫を凝らして細部をつきつめていくにつれて、あなたの願望はますます強くなり、願望が強くなればいっそうイメージに気持ちが集中するようになります。

しかし、明確なイメージを持つだけでは十分ではありません。もしもイメージをふくらませるだけというならば、あなたは夢を見ているにすぎず、目標を達成する力を持ちあわせているとはいえないでしょう。

明確な構想の陰には、それを実現して形にしようとする決意がなければいけません。

そしてこの決意の陰には、それがすでに自分のものであるという、ゆるぎない、確固とした確信がなければいけません。それは「手の届く」ところにあって、手を伸ばすだけで自分のものになる、と考えるのです。

新しい家に住んだつもりになって、どのようなものに囲まれて暮らしたいかを考えてみてください。想像の世界でなら、ほしいものがなにもかも揃った場所にすぐにでも行けるでしょう。

「祈って求めるものは何でも、すぐに受けたと信じなさい。そうすれば、そのとおりになります[1]」と、イエスもいわれました。

実際に、望んだものにいつも囲まれている状況を想像してください。

それらを自分のものとして、自由に使っていると想像してください。

じっさいに手に入れたと考えて、それらを利用してみてください。

イメージが明確で具体的になるまでじっくりと考え、そこにあるもののすべてを所有しているという「精神的態度」をとってください。

あらゆるものを、ほんとうに自分のものだという確信をもって所有してください。

想像の中で所有しつづけてください。

たしかに自分のものとして所有しているという確信を、片時も忘れないでください。

1）
『マルコの福音書』第11章24節

そして前章の感謝の気持ちをこころに刻み、それが現実のものとなったときに抱くであろう感謝の気持ちを、イメージの世界においても持ちつづけてください。まだ想像の段階でしか所有していないものに対して、こころから神に感謝できる人には確信があるのです。その人は、求めるものがなんであっても創り出し、豊かになっていくはずです。

ほしいものがあるからといっても、祈りをくり返し唱える必要はありません。毎日のように神にうったえる必要はありません。

「祈るとき、異邦人のように同じことばを、ただくり返してはいけません[2]」とイエスは弟子たちにいわれました。「あなたがたの父なる神は、あなたがたがお願いする先に、あなたがたに必要なものを知っておられるからです[3]」

あなたのなすべきことは、豊かな生活のためにはなにが必要かを明確にし、それをひとつにまとめ、「願望のすべて」として《混沌》に伝えることです。《混沌》には、必要なものをもたらす力と意思があるからです。

言葉を連ねてくり返しても、望みを伝えることはできません。そのためには、

2）『マタイの福音書』第６章７節

3）『マタイの福音書』第６章８節

手に入れたいという、ゆるぎない「決意」と強い「確信」をもって、イメージを練ることが必要です。

## 祈ることの本当の意味とその方法

祈りは、ことばではなく、労力をかけて示した信仰に対して聞き届けられるものです。

特別な安息日にだけ自分の望みを神に伝え、平日は神のことなど考えもしないというなら、思いを神に伝えることなどできません。私室にこもって特別に祈りをささげる時間をもうけても、つぎの祈りの時間がくるまですっかり忘れているようなら、思いを神に伝えることはできません。

口に出して唱えることが役立つのは、自分自身のイメージを明確にし、確信を深めるという目的があるときに限ります。

けれども、祈りを唱えたからといって、望んだものが手にはいるわけではありません。豊かになるためには、「静けき祈りの時」[4]をもつというより、「絶えず

4）
William B. Bradbury作、賛美歌310番の題名

祈る」[5]ことが必要です。

　この場合の祈りとは、具体的に創りあげる決意と、やがて具体化するという確信をもって、イメージを持ちつづけることです。

「祈って求めるものは何でも、すでに受けたと信じなさい」[6]

　イメージが明確になれば、こんどは与えられる番です。

　イメージができあがったら、言葉にしてください。敬虔《けいけん》な態度で神に打ちあけてください。するとその瞬間から、求めていたものが想像の世界の中で与えられるのがわかるでしょう。

　あなたは新しい家に住み、おしゃれをして、自動車に乗り、旅行に出かけ、堂々とさらに豪華な旅を計画するでしょう。望みのものをすべて実際に手に入れたのだ、という気持ちになって、考えたり話したりすればよいのです。

　望みどおりの環境と経済力が与えられたと想像し、その状態が続いている、と思ってください。

　ただし、たんなる夢想や空想で終わらせるのではなく、それがまさに実現され

5）「絶えず祈りなさい」『テサロニケ人への手紙』第一第５章17節

6）『マルコの福音書』第11章24節

ようとしているという「確信」と、みずからの手で実現させる「決意」を強く持ちつづけることを、忘れないでください。

科学者と夢想家を区別するのは、確信と決意をもって想像するかどうかにかかっています。それを理解していただいたうえで、これから《意思力》の正しい用い方について学ぶことが大切です。

# 第9章

# 意思力の正しい用い方

科学的な方法で豊かになろうというときに、あなた以外のものに意思の力をはたらかせてはいけません。

いずれにせよ、あなたにそうした権利はありません。

自分の意志を押しつけて他人を思いどおりに動かそうとするのは、誤りです。精神的圧力をかけて強要するのは、物理的圧力によって強要することと同様に、はなはだしく不当な行為です。力ずくで人をこき使うなら、それは相手を奴隷《どれい》状態におとしめる行為となります。

気持ちを追いつめて働かせるのも、まったく不当な行為です。手段が違うというだけです。腕力を使って人のものを取り上げるのは強奪行為であり、精神的に追いつめて取り上げるのも、やはり強奪行為なのです。原理が違うというだけです。

あなたには、人を思いどおりに動かす権利はありません。

たとえあなたが「その人のためを思って」することでも、それがほんとうに相手のためになるかどうかは、わかりません。

科学的な方法で豊かになるためには、どのような方法であろうと、人に圧力をかけたり無理強いしたりしてはいけません。ほんとうに、その必要は露《つゆ》ほどもなく、だれかを抑圧するのでは、あなたのやろうとすることが台無しになってしまいます。

ものに対して意思を働かせ、手元に引き寄せようとしても無駄なことです。それは神に無理を強いる態度であり、不敬であるばかりか、思慮のない無意味な姿勢です。

よいものをお与えくださいと、神に迫る必要はありません。それは、太陽を昇らせるためにわざわざ意思の力を働かせる必要がないのと同じことです。

意思の力で、いうことを聞いてくださらない神を思いどおりにしようとか、ふてぶてしく反抗的な相手をねじ伏せ、したがわせようとしても無駄なことです。《物質》はあなたの味方です。あなた以上に熱心に、あなたに多くをもたらすことを望んでいます。

豊かになるためには、自分自身に意思の力を働かせるだけでよいのです。

なにを考えなにをすべきかわかっているなら、意思の力で自分自身を制して、それを実行してください。

本道からはずれないように自分自身を律していくことこそが、望みのものを手に入れるための意思力の正しい用い方です。《確実な方法》にしたがって思考し、行動していく目的のために、意思の力を用いるのです。

自分の意志や思考や気持ちを表に出して、ものや人に「作用」させようと思わないことです。

気持ちは、あなたの内側に向けてください。どこに向けるよりも、あなた自身の内側で意思は力を発揮できるのです。

知力を働かせて願望のイメージを描き、決意と確信をもってそのイメージを保ち、「正しい方法」で知力が活動できるように意思を働かせてください。

決意と確信を強く持続することこそが、豊かになれる近道です。なぜなら、そうすれば積極的な願望だけが伝えられ、否定的な要因が《物質》に伝わってイメージがあいまいになったり力が弱まったりすることがないからです。

決意と確信をもって描いた願望のイメージは、《混沌》に吸い上げられ、はるか彼方まで、おそらくは宇宙のすみずみにまで広がります。

イメージが伝達されるにしたがって、万物がその具現に向けて動きはじめます。あらゆる生き物、あらゆる無生物、未生のものが、あなたの願望の具現に向けて動きはじめます。

あらゆる力がそれに向かって作用しはじめ、万物があなたに向かって運動をはじめます。

人々の気持ちが、いたるところであなたの願望の実現に必要なことをしようとはたらいて、無意識のうちにあなたの手助けをしてくれるのです。

しかし、もしもあなたが《混沌》に否定的な気持ちを伝えたら、この動きは止まってしまいます。決意と確信がものの動きをあなたに向かわせるのとは反対に、疑念や不信は、その動きをあなたから遠ざけてしまうのです。

このことがわからないために、心理学を利用して豊かになろうとする人の多くが失敗しています。

疑念や不安を抱くたびに、悩みに時間を費やすたびに、不信にとらわれるたびに、《知的物質》の支配下にある全宇宙の流れは、あなたから離れていくのです。

あらゆる展望は信じる者のためにあり、信じる者にしか開けません。イエスが信じる心をくり返し説かれたことを思い出してください。今のあなたにならそ、の理由がわかるでしょう。

信じる心はなににも増して重要ですから、あなたは自分の思いをしっかりと守ってください。思考や観察によって確信を堅固なものにして、注意力を集中してください。

そのためには意思の力を用いてください。なにに注意を向けるべきかを決めるのは、ほかならぬあなた自身の意思力です。

## 貧困を根絶するための第一歩

豊かになりたいと思うなら、貧困について詳しく知る必要はありません。

望ましくないことを考えたのでは、よい状況はもたらせません。病気について調べたり考えたりしていたのでは、健康にはなれません。罪について調べたり考えたりしていたのでは、正義の心は生まれません。

それと同じで、貧困について調べたり考えたりしていたのでは、豊かにはなれないのです。

科学的研究がすすんだために、医学はかえって病気を増やすことになりました。罪に対する理解を深めたために、宗教は罪を増やしてしまいました。貧困を研究してばかりいると、経済は世界に悲惨と困窮をもたらすことになるでしょう。

貧困を話題にしたり、研究したり、関心をもったりしないでください。貧困の原因がなんであっても気にしないことです。あなたには関係のないことです。

あなたに関係があるのは、その治療法です。

慈善事業や慈善活動に時間を費やしてはいけません。慈善活動は根絶すべき窮乏状態を、いつまでも存続させてしまいます。

冷酷で思いやりのない人間になりなさいとか、困っている人の叫びを聞くなといっているのではありません。従来のやり方のままで貧困を根絶させるために労力を使うべきではない、といいたいのです。

貧困や、それにまつわるさまざまな要素は忘れて、まずは豊かになりましょう。豊かになってください。それが、お金に恵まれない人々を助けるなによりの方法です。

もちろん、頭の中が貧困のイメージに満ちていれば、豊かになるためのイメージを描くことはできません。

借家住まいの窮状や、児童就労のおそるべき実態などについて書かれた本や新聞は読まないでください。もののない、苦しみに満ちた、気の滅入るようなイメージで頭の中がいっぱいになるようなものは、読まないでください。

そうした状況を知ったとしても、恵まれない人を助けることはできませんし、事情に通じたとしても貧困をなくすことはできません。

貧困をなくすためには、あなたがそのイメージを抱くことではなく、恵まれない人々に豊かな生活のイメージを抱いてもらうことが大切なのです。

窮乏生活について詳しく知る気にならなくても、困っている人々を見捨てるわけではありません。

貧困をなくすためには、恵まれない人々のことを考える富裕層が増えるのではなく、貧困層の中から必ず豊かになろうと決心する人の数が増すことが、重要なのです。

恵まれない人々に必要なのは施しではなく、励ましです。慈善事業にできることは、みじめな状態のままで生きるためのパンを施したり、一、二時間の娯楽を与えていやなことを忘れさせることだけです。

けれども、「励まし」があれば、苦しい生活から脱出することができます。恵まれない人々を助けたいと思うなら、まずあなたが豊かになってみせ、かれらも豊かになれるということを示してください。

貧困を世の中からなくす方法は、本書の教えを実践する人が多数あらわれ、いっそう増えつづける以外にありません。

世の人々に、競争ではなく「創造力」を働かせることによって豊かになることを、よくわかってもらわなければなりません。

競争を勝ちぬいて豊かになった人はみな、自分が昇り終わるとはしごを落とし、だれも昇ってこられないようにしてしまいます。しかし、創造力を働かせて豊かになった人はみな、何千人もの人のために道を切り開き、その人々が後に続けるよう励ますのです。

恵まれない人々に同情したり、その状態を目にしたり、貧困についての書物を読んだり、考えたり話したり、そうした話題に耳を傾けなくても、冷酷で無情な態度を示しているわけではありません。

意思の力を用いて貧困を頭の中から消し去り、決意と確信をもって自分の望むイメージに「集中」するようにしてください。

# 第10章

# さらなる意思力の用い方

豊かな生活を正確かつ明確に思い描いたとしても、現実的にも想像上でもそれと正反対のものにばかり注意を向けているのでは、そのイメージを持ちつづけることはできません。

過去にあなたが経験した金銭上の問題を話題にしてはいけません。過去にそうした問題があったとしても、いっさい考えてはいけません。あなたの両親がお金に困っていたことも、昔の暮らしが楽ではなかったことも、しゃべらないことです。

それらを少しでも話題にするならば当分、あなたはお金に困っている人だと思われるでしょう。そんなことをすれば、せっかくあなたのほうに向いているものの動きを止めてしまうことになるのです。

「死者に死者を葬らせなさい」[1]と、イエスはいわれました。

貧困とそれにまつわるものはみな、捨ててしまってください。

あなたはひとつの確実な宇宙論を確かなものとして受け入れ、それが正しいと信じて幸福への望みを託しているのです。相容れない理論に注意を傾けてなにが

1）
「死人たちに彼らの中の死人の父を葬らせなさい」『ルカの福音書』第９章60節

得られるというのでしょう?

世界の終末が近づいたとする本を読んではいけません。世界が悪魔の手に落ちつつある、とする醜聞《しゅうぶん》作家や悲観主義者の書いたものを読んではいけません。世界は悪魔に向かっているのではなく、神に向かって進んでいるのです。

世界は、すばらしい「生成過程にある」ものです。

たしかに、現状にはいやなこともあるでしょう。けれども、それが確実に過去のものになろうとしている時に、しかも知れば知るほど過去には去らず身近なものになるというのに、いやなことに注意を向けて、いったいなんの意味があるというのでしょう。

その気になりさえすれば進化を早め、すみやかに除去できるのに、進化の過程から取り除かれたもののことを、時間をかけて考えるのはなぜでしょう。

どこかの国や地域や場所で起こったひどい状況を見たとしても、それをくよくよと考えつづけるばかりでは、時間を浪費し、機会をつぶすことになります。

世界が豊かになりつつある、ということだけに興味を集中させればよいのです。

世界に捨てられていく貧困の代わりに、世界が向かう豊かな世界を考えてください。世界が豊かになるためには、競争ではなく、創造力をはたらかせることによってあなた自身が豊かになるしかありません。そのことを胸に刻んでおいてください。

## 豊かさのみが存在する

貧困のことは忘れて、ひたすら豊かなものだけに注意を傾けてください。恵まれない人々のことを考えたり話題にするときには、かれらが気の毒がられる人たちではなく、やがて裕福になる人だと思ってください。そうすれば、相手もその他の人々も、それを励みにしてそこから抜け出す方法をさがしはじめます。

豊かな生活に十分な時間と気持ちと思考を向けたとしても、いやしむべき利己的な人間であることにはなりません。

現実として、豊かになるということは、さまざまな可能性に恵まれることであり、なによりも貴い人生の目標なのです。

競争心を持つかぎり、豊かになるための競争は他者の支配権をめぐる罪深い争奪戦を意味します。

けれども自分からなにかを創り出そうという気になれば、状況は一転します。気高さや心の成長、奉仕や尊い活動に通じる、考えられるかぎりのものが、豊かになることによってかなえられます。豊かになる過程でさまざまなものを用いることによって、それがかなえられるのです。

もしもあなたが健康に恵まれていなければ、健康は、豊かになれるかどうかにかかっていると思うことでしょう。

お金の悩みがなく、安楽に生きられる資力のある人だけが、衛生管理を行なって健康を維持することができるのです。

道徳的、精神的に成長することは、生き残り競争と無縁な人にのみ可能なことであり、創造的な思考によって豊かになる人だけが、競争のもたらす悪しき影響と無縁でいられるのです。

もしも家庭の幸福を願うなら、愛とは、教養と高い見識と、よこしまな力の及ばない環境に満ちるものだということを忘れないでください。

これらはみな、葛藤や競争のないところで、創造的な思考を働かせて豊かになった結果として、得られるものです。

くり返しますが、豊かになることほど崇高で高貴な目標はありません。豊かな生活のイメージにだけ注意を集中して、その力を弱める要素はいっさい排除してください。

万物に隠された「真実」が見えるようにならなければなりません。目に見えるあらゆる悪しきものの中で《偉大なただひとつの命》がみずからの発現といっそうの幸福を成就させるために動きつづけていることを、理解するようになってください。

「貧困など存在しない。豊かさだけが存在する」

それが真理なのです。

## 理論でなく実践を重視する

豊かになれない人がいるのは、その人たちがさまざまなものに恵まれていることに気がつかないためです。それをわからせるためには、あなた自身が実践し、豊かになる方法を示すことです。

今の境遇から抜け出す方法があるとわかっているのに豊かになれない、という人もいます。方法や行動を見つけるのに必要な思考を怠り、知性を働かせない人たちです。その人たちに願望を抱かせるには、あなた自身がじっさいに豊かになり、それによって幸せになったことを示すのが一番です。

豊かになれない人は、ほかにもいます。

多少の科学的な方法は思案してみたけれど、哲学思想や神秘思想[2]に圧倒され、その中で迷い、どの方向にいったらよいかわからない人たちです。さまざまな方法を試してみては、ことごとく失敗する人たちです。この人々に対しても、あなた自身が実践して示すのが一番です。

2）
オカルティズム。神秘学。具体的には心霊術、占星術、錬金術などを指すことが多い。

理論よりも実践なのです。

世の人々のために貢献するには、あなた自身を最大限に活かす以外にありません。

あなた自身が豊かになるよりほかに、神と人とに奉仕できる方法はありません。他人と競争するのではなく、創造力を働かせることによって、豊かになることです。

もうひとこと申し添えておきましょう。

本書には豊かになるための法則が詳しく説明されていますが、その内容が真実である以上、この問題についてはほかの書物を読む必要はありません。

偏狭《へんきょう》で勝手な言い分に聞こえるかもしれませんが、よく考えてみてください。加減乗除の計算以上に科学的な演算処理方法はありません。二点間の最短距離はひとつ以外にありません。科学的な思考方法もこれ以外にはなく、それはつまり、目的地までまっすぐに伸びた単純な道に沿って思考する方法です。

本書で取り上げた以上に短く簡明な「方法《システム》」を編み出した人はいません。ここに書かれた内容は、不要なものをすべてはぎ取った「本質」です。もしもあなたがこれに取り組むなら、ほかの方法はすべて忘れて、頭の中から一掃してください。

本書を携行して毎日読み、記憶して、ほかの方法や理論に目移りしないようにしてください。よそ見をすればあなたは疑問をいだき、考えるにしたがって不安になり、心が揺れ、やがて失敗することになるでしょう。

あなたの努力が実を結び、豊かになったあかつきに、好きなだけほかの方法を研究すればよいのです。しかし、望みのものを手に入れたと確信するまでは、序文でご紹介した思想家は別として、本書の方法以外のものには目を向けないでください。

世の中のできごとについては、願望のイメージにふさわしい、楽観的な記事だけを読んでください。

超自然的な存在や法則の研究をするなら、先に延ばしてください。神智学[3]、スピリチュアリズム[4]等の領域には手を出してはいけません。もしかしたら亡く

3）
心霊、および霊的世界を研究する事で、人間の精神の内部に潜む「宇宙の根元と同質のもの」を掘り起こそうとするオカルト運動。19世紀のオカルティスト、マダム・ブラヴァツキーによって提唱された。

4）
心霊主義。われわれと交信可能な、人間等の死後の霊魂の存続の科学的証拠が存在することを信じる立場のこと。

なった人々は今も生きているか、それに近い状態なのかもしれませんが、そうだとしてもかれらのことはいったん忘れて、自分のなすべきことに集中してください。

霊魂がどこをさまよっていようとも、死者には死者のなすべき仕事と解決すべき問題があります。現世の人間にそれを邪魔する権利はないのです。われわれが死者に手をさしのべることはできませんし、死者に力を貸してもらえるかどうかもわかりません。

われわれには、死者にゆるされた時間に踏みこむ権利もありません。死者と未来の人々には頼らず、あなた自身の力で問題を解決し、豊かになればよいのです。超自然的なものに関わりをもつと、逆流に飲み込まれ、すべての望みが海へと沈んでしまうでしょう。ここで、今までに説明した基本的な事実をまとめておきましょう。

**◎万物の源は思考する物質です。思考する物質とは、始原の状態で宇宙空間のす**

みずみまで広がり、浸透し、充満しているものです。
◎思考する物質の中に生まれた思考は、思い描いたとおりのものを形成し生み出します。
◎人はさまざまなものの形を考えて、混沌に伝え、それが生み出されるよう、働きかけます。
◎そのためには、競争するのではなく創造力をはたらかせて望むもののイメージをはっきりと描き、不動の「決意」とゆるぎない「確信」を持ちつづけることが肝要です。その決意をゆるがせにしたり、イメージをかすませたり、確信を覆すようなものはすべて、無視することです。

それではこれから、右記に加えて《確実な方法》にしたがって生活を送り、行動することについてお話ししましょう。

# 第11章

# 「確実な方法」にしたがって行動する

思考とはものを生み出す力であり、生み出されるようにしむける力です。豊かになるためには《確実な方法》にしたがうことが大切ですが、思考だけを当てにして、自分からは行動を起こさないというならそれは問題です。それが障害となって、つまり思考と行動が一致しないために、それ以外のことでは科学的な思考をする人たちが挫折してしまうのです。

われわれは、本書のこの時点ではまだ成果を得る段階には到達していません。そもそも、自然の力も頼まず人の助けも借りずに、《混沌》からなにかを取り出すことができるでしょうか。思考はもちろん大切ですが、思考にはあなた自身の行動が伴わなければなりません。

思考の力で山中深く眠る金塊を、強引にあなたのもとに引き寄せることはできません。金はひとりでに採掘されたり製錬されたり金貨になったりはしません。道から道へところがって、あなたのポケットを探し当ててくれるわけではないのです。

《崇高なる魂》の強い意思がはたらくと、それを受けて人の世は、だれかがあなたのために金を採掘し、別のだれかがそれを買い受け、あなたのもとに金がもたらされるよう、動くでしょう。

あなたはやるべき仕事をすませておいて、届いた金を受けとれるようにしておかなければなりません。

思考は生物も無生物も含めて万物に働きかけ、望みのものがもたらされるよう作用します。ただ、それを確実に受けとるためには、自分から積極的に働きかけることが必要です。

あなたは施されるのでも、奪うのでもありません。ただ、誰に対しても受けとったもの以上の価値をもたらすようにすることです。

思考の科学的な用い方とは、願望を明確につぶさに思い描き、必ず手に入れるという決意を忘れず、感謝の気持ちで確信し、それを実現することです。

思考がひとりでに伝達されて働くことを念じて、神秘的な方法や超自然的な方法で思考を「投影」するのはいけません。それは無駄な努力であり、健全な思考力を弱めるものです。

豊かになる過程で思考がどのような働きをするかというと、これまでに述べたように、**最初に、決意と確信の力によってあなたと同様に繁栄を望んでいる《混沌》にイメージを伝えます。**

**すると、イメージが伝わることによって、あらゆる創造力が行動経路を全開にして働きはじめ、あなたの方に向かうのです。**

あなたのなすべきことは、ものが生み出されるまでの過程を指図したり管理することではなく、イメージを持ちつづけ、決意を忘れず、確信し感謝しつづけることだけです。

ただし《確実な方法》にしたがって行動しなければ、もたらされたものを確実に受けとり、イメージに描いたすべてのものを得、それらにふさわしい場所におさめることはできません。

現実的には、ものがもたらされるときには、ほかの人の手を経てあなたのもとまでやってきて、代償をもとめられるということです。

それを手に入れるためには、相手に代価を支払わなければなりません。

本書が、労せずしてお金のぎっしり詰まった「運命の女神の財布」に変身することはありません。

これこそが、「思考には行動が伴わなければならない」という、富を手にするための法則の最重要点なのです。

## 過去、未来でなく「現在」に働きかける

意識的であれ、無意識にであれ、あきらめずに強く願望を持ちつづけ、創造力を働かせているのに豊かになれない、という人がたくさんいます。それは、望みのものがもたらされても、それを受けとる準備ができていないからなのです。

思考によって、望んだものはもたらされます。けれども、自分から働きかけなければそれを受けとることはできません。

あなたがどのような働きかけをするにしても、行動を起こすのは「今」なのです。

過去に戻って行動することはできませんから、イメージをはっきりと持ちつづけるためには、頭の中からあなたの過去を消さなければいけません。

もちろん、まだ来ていない未来において行動することもできません。将来起こりうる不測の事態に対してとるべき行動についても、事態の発生していない状況で予測することはできません。

今の職業や環境が望ましいものでないとしても、職業や環境がととのうまで行動を先延ばしにしようとは考えないことです。将来の緊急事態に対する最善策ばかりを考えて、今の時間を無為に過ごさないようにしてください。

もしも今、将来のことだけを考えて行動しているというのであれば、現在の行動は心の葛藤を生み、効果のないものとなるでしょう。

今やるべきことだけを、考えてください。

なにかを創り出したい衝動を《始原物質》に伝えただけで、安閑《あんかん》と結果を待つというのはいけません。

それだけでうまくいくことは絶対にありません。

今すぐに、行動を起こしてください。今を逃せば機会はありません。今を逃せば将来も、機会がめぐってくることはないでしょう。望んだものを手に入れるためには、今すぐに行動にかかることです。

もちろん、あなたはなにをするにしても、今の仕事や職場で活動するしかありませんし、今の環境の中で、周囲の人々や状況に対して働きかけるしかありません。

あなたは今の立場でしか活動することはできません。過去や将来の立場ではなく、今のあなたの立場でしか活動することはできないのです。

昨日やるべきことができたかどうかについては、くよくよ悩まず、今日するべきことだけをしてください。

明日やるべきことを今からしようとは思わないでください。明日になればそのための時間があるからです。

超自然的な方法や神秘的な手段によって、あなたの力の及ばない人や状況に働きかけてはいけません。

環境が変わるまで待っていて、しかる後に行動する、というのもいけません。あなたの方から働きかけて環境を変えるのです。

今の環境に働きかけて、よりよい状況が得られるようにすればよいのです。

決意と確信をもって、望ましい環境におかれたあなたをイメージしてください。そして誠心誠意、持てる力と知性のすべてを使って、今の環境に働きかけてください。

むやみに夢想し、幻想にひたって過ごすのはいけません。日々、願望のイメージを深く胸に刻み、今すぐに行動を起こすことです。

## よりよい仕事を得る方法

豊かになるための第一歩として、それまでしなかったことや、風変わりな行動や、とっぴな行動、奇抜な行動をしてみようかと、あれこれ考えてはいけません。

少なくとも当面の間は、あなたが働きかけてもなにも変わらないでしょう。しかし《確実な方法》にしたがって今から以下のようなことを始めれば、かならず豊かになれるのです。

もしも今の仕事が合わないと感じていても、好ましい仕事につくまで待ち、それから行動しようと思うのはいけません。

自分に合わない職業についているからといって、やる気をなくしたり、ぼんやりと嘆いて過ごすのはよくありません。希望と異なる職場に入れられたためにふさわしい職場が見つけられなくなることはありませんし、合わない仕事をしているために自分に適した仕事がわからなくなることもありません。

仕事を手に入れる決意と、それがかなうという確信をもち、希望どおりの仕事についたあなた自身のイメージを持ちつづけてください。そのうえで、今の仕事の中で「活動」をしてください。

現在の仕事を、よりよい仕事に就くための手段として利用するのです。

決意と確信をもって希望する仕事のイメージを持ちつづければ、それは《崇高なる存在》に届けられ、あなたにふさわしい仕事がもたらされることでしょう。

そして、あなたが《確実な方法》に沿って働きかけるなら、めざす仕事に近づくことができるでしょう。

あなたが会社員か工場労働者で、願望の実現のために配置転換が必要だと思うなら、その思いを虚空《こくう》に「投影」して、新しい仕事がころがりこむよう期待してはいけません。そうしたところで、うまくいくはずがないのです。

希望する仕事に就いたあなた自身のイメージを脳裏に浮かべ、決意と確信を持って今の仕事に「働きかけ」てみてください。そうすれば、かならずや望む仕事が手に入れられることでしょう。

イメージと確信を持ちつづけることで、創造の力が働き、あなたにふさわしい仕事がもたらされることになるでしょう。そして、あなた自身の活動によって創造の力がはたらき、望みの部署へと連れていってくれるでしょう。

この章を締めくくるにあたり、要旨をもう一点、つけ加えておきます。

**◎万物の源は思考する物質です。思考する物質とは、始原の状態で宇宙空間のすみずみまで広がり、浸透し、充満しているものです。**

◎思考する物質の中に生まれた思考は、思い描いたとおりのものを形成し生み出します。

◎人はさまざまなものの形を考えて、混沌に伝え、それが生み出されるよう、働きかけます。

◎そのためには、競争するのではなく創造力をはたらかせて望むもののイメージをはっきりと描き、不動の「決意」とゆるぎない「確信」を持ちつづけることが必要です。その決意をゆるがせにしたり、イメージをかすませたり、確信を覆すようなものはすべて、無視することです。

◎もたらされたものを確実に受けとるためには、現在の環境の中で、人とものとに働きかけなければなりません。

# 第12章

# 成功の日々をもたらす行動

前章までの指示にしたがって思考をはたらかせ、今の立場でできることから始めて、今の立場でできることを「すべて」行なってください。

今の仕事に飽き足りなくなった時にはじめて、あなたは前進できるのです。飽き足りなくなるのは、その仕事にまつわる作業を完璧にこなせるようになってからのことです。

世界は、今の仕事に飽き足りなくなった人々のおかげで発展しています。

与えられた仕事をやり遂げる人がいなければ、あらゆるものが退歩している、ということです。今の仕事で十分に責務を果たさない人は、社会的にも、政治的にも、商業的にも、産業の面でも、何も価値を生み出さない人たちです。

その人たちは、ほかの人に多大な負担をかけて応援してもらわなければなりません。責務を果たさない人がいるというだけで、世界の進歩は妨げられるのです。かれらは過去の遺物ともいえる人々で活力や志が低く、退化の傾向がある人たちです。与えられた仕事を十分に行なえない人ばかりでは、社会は発展できません。社会の発展は、物質と精神の発達のあるところに起こるのです。

動物の世界では、進化は身体機能の発達によって起こります。ある生物が、本来の機能にはない特殊な活動をするようになると、その生物はより高次の器官を発達させ、新たな種を誕生させます。

もしも本来の機能以上の能力を備えた生物がいなければ、いかなる新種の誕生もありえなかったでしょう。あなたにも、これとまったく同じ法則が当てはまります。豊かになれるかどうかは、この法則をあなた自身の仕事に適応できるかどうかにかかっています。

一日一日が成功か失敗のどちらかです。望んだものをもたらしてくれるのは、成功の日々なのです。毎日が失敗ならけっして豊かになれませんが、毎日が成功なら間違いなく豊かになれるのです。

今日するべきことをしなかったなら、それについては、あなたは失敗したということです。そのために、想像以上に悲惨な結果がもたらされることもあるでしょう。

ささいな行動であっても、その結果を完全に予測することは不可能です。ましてあなたのために動きつづける力の働きをすべて把握するなど、不可能です。

なにげない活動が決定的な意味をもち、やがてはチャンスの扉を開け、大きな可能性をもたらすことになるかもしれません。

《崇高なる知性》のはからいで用意された、ものと人とのおびただしい組み合わせのすべてを知ることはできませんから、わずかなことを見落としたり行なわなかったせいで、望みのものを手に入れるのがひどく遅れることもあるでしょう。

## 効率のよさが成否を分ける

毎日、その日にできることは「すべて」その日にすませてください。

ただし、それには限界、あるいは制限があることに注意してください。

働きすぎたり、できるだけ短時間にできるだけ多くの仕事をしようとあせってはいけません。

明日の仕事を今日しよう、とか、一週間分の仕事を一日で終わらせようと考えてはなりません。

**いかに多くのことをしたかが問題なのではなく、それぞれの活動の「効率」が問題なのです。**

あらゆる行動は、それ自体が、成功か失敗のどちらかです。

あらゆる行動は、それ自体が、効率がよいか悪いかのどちらかです。

効率の悪い行動はみな失敗であり、そればかりしていると、一生が失敗に終わってしまいます。

効率の悪い行動しかしないなら、すればするほど悪い結果がもたらされます。

その反対に、効率のよい行動はそれ自体が成功であり、行動のすべてが効率的ならば、あなたの人生は必ずや成功するでしょう。

効率の悪い方法で多くのことをし、効率のよい方法ではあまりしないから、失敗するのです。

効率の悪い活動はいっさいせず、効率のよい活動だけを十分に行なえば、もちろん豊かになれるでしょう。もしも今、あなたがすべての活動の効率を上げれば、豊かになる方法とは要するに数学と同じ、客観的で明確な科学的知識だということとがわかるでしょう。

それはつまり、あなたがひとつひとつの活動をそれ自体で成功させられるかどうか、という問題です。

これはもちろん、あなたになら確実にできることです。

《完全なる力》の協力が得られる以上、活動するたびにあなたは成功します。なぜなら《完全なる力》に、失敗はないからです。

《力》はあなたを助け、それぞれの活動の効率を上げられるよう、しむけてくれます。あなたは活動にその《力》をそそぐだけでよいのです。

それぞれの活動は、活力に満ちているか、活力がないかのどちらかです。あなたのすることがみな活力に満ちたものであれば、それはあなたが《確実な方法》にしたがって活動していることであり、かならず豊かになれるということです。

イメージを持ちつづけ、「決意」と「確信」を込めることで、活力に満ちた、効率のよい活動ができるのです。

じつはそれこそが、思考と行動を別物だと考える人々が見落としている点です。

かれらはある時ある場所で思考し、また別の時に別の場所で行動する人たちなのです。

そのために、かれらの行動はそれ自体がうまくいかず、たいていはなんの効果も得られません。けれども、ひとつひとつの活動に《完全なる力》を込めるなら、どんなにありきたりな活動でも、それ自体がよい結果を生むのです。

## ひとつの成功がさらなる成功をまねく

これはものごとの本質ですが――なにかがうまくいくと、必ず別のこともうまくいくようになるものです。あなたが望んだものに近づくスピードも、望んだものがあなたに近づくスピードも、どんどん速まっていくでしょう。

成功する行動とは、累積して結果をもたらすものだということを、忘れないでください。

繁栄を望む気持ちは万物に備わったものですから、ある人が活力のある人生に向かって動きはじめると、いっそう多くのものがその人に向かって流れてきて、その結果、その人の願望によってもたらされた勢いが増していきます。

毎日、その日にできることはすべてその日のうちに、しかも効率よくできるようにしてください。

活動するたびにイメージを持ちつづけるというのは、始終そのイメージをつぶさに、こと細かく脳裏に浮かべる、という意味ではありません。創造力をはたらかせてイメージの細部を決め、胸に刻んで忘れないようにすることは、空いた時間にすればよいことです。

もしもすぐに結果を得たいなら、持てる自由時間のすべてをこの作業に費やすことです。

たえず思いをめぐらしていれば、望みどおりのイメージが描けるようになるでしょう。そのイメージを細かな部分までつめ、脳裏に刻みつけ、それをそのまま《混沌》に伝えてください。

仕事に打ち込んでいる時間にはそのイメージを呼び起こすだけで、決意と確信を思い出し、最善の努力ができるようになるでしょう。

自由時間には、そのイメージを意識に浸透させて、いつでも浮かべられるようにしておくことです。イメージを浮かべただけで、あなたには強いエネルギーがみなぎって、希望に満ちることでしょう。

今一度、ここで要旨をおさらいしておきましょう。

最後の法則についてはわずかに変更を加え、この章で得られた重要な点をつけ加えました。

◎万物の源は思考する物質です。思考する物質とは、始原の状態で宇宙空間のすみずみまで広がり、浸透し、充満しているものです。

◎思考する物質の中に生まれた思考は、思い描いたとおりのものを形成し生み出します。

◎人はさまざまなものの形を考えて、混沌に伝え、それが生み出されるよう、働きかけます。

◎そのためには、競争心を捨て、創造力をはたらかせて望むもののイメージをはっきりと描き、不動の「決意」とゆるぎない「確信」を持ちつづけて、毎日、その日にできることはすべてその日のうちに、しかも効率よくできるようにしなければなりません。

# 第13章

# 最適な仕事を見つける

どの特定の職業においても、成功は、その仕事がこなせるだけの能力が十分に開発されているかどうかの一点にかかっています。

十分な音楽的才能がなければよい音楽教師にはなれませんし、機械を扱えなければ機械の売買にたずさわっても大成功は望めません。機転がきいて営業能力があるのでなければ商売をしてもうまくいきません。

ただし、希望の職業に必要な能力を十分に備えていたとしても、かならずしも豊かになれるとはかぎりません。

すばらしい才能に恵まれているのにお金に困っている音楽家はたくさんいます。鍛冶屋《かじ》でも大工でもその他の多くの職業でも、すぐれた技術を持ち合わせているのに豊かにならない人はたくさんいます。ものを売ったり買ったりするのは上手なのに、商売はうまくいかないという人もいます。

違いをもたらす能力は、道具《ツール》です。よい道具を持つことはもちろんですが、「正しい方法」によって使うこともひじょうに重要です。美しい家具をつくるためにはきちんと目立てをした鋸《のこぎり》、曲尺《かねじゃく》、手入れされた鉋《かんな》などの道具類が必要です。

ある職人がつくった家具を別の職人が複製《コピー》しようとしても、うまくいくとは限りません。その職人はよい道具があっても、うまく使いこなせていないのです。

あなたの頭の中にあるさまざまな能力は「道具」ですから、豊かになるためにはそれを利用して仕事をしなければなりません。あなたに備わった知的道具を生かせる仕事をすれば、きっとうまくいくでしょう。

一般的には、強みを生かした仕事、生まれながらに「最適な」仕事のほうがよい結果を出せるといわれます。しかし、必ずしもそうではないのです。だれしも自分の職業を、生まれながらの性質によって決定されたものだと思うべきではありません。

あなたはいかなる仕事をしても豊かになれます。もしもその職業にふさわしい才能がなければ、仕事をしながら身につければよいのです。

生まれながらに備わった道具しか使うまい、と決めつける必要はありません。

すでに十分に才能を伸ばした分野で成功する方が簡単でしょうが、いかなる職業でも成功することはできるのです。

なぜなら、どれほど未熟な才能でも伸ばすことはできますし、どんな才能にも芽はあるのですから。

最適な仕事をすれば、努力の点では難なく豊かになれるはずです。もちろん、やりたい仕事をする場合でも、十分に豊かになることができるでしょう。

やりたいことをやってみるのが人生です。気の進まないことばかりさせられて、やりたいことができないならば、心から生きる喜びを感じることはできません。

それに、やりたいことなら、かならずできるはずです。**やりたいと思う気持ちは、それができるという証なのです。**

## 願望の強さが能力の高さとなってあらわれる

願望とは、持てる力のあらわれです。

音楽を演奏したいという願望は、音を奏でる力が外に出て、活動したがっていることのあらわれです。機械装置を発明したいという願望は、機械的な才能が引き出され、発揮されたがっていることのあらわれです。

発達していようと未熟であろうと、能力がなければ、なにかをしたいという願望は生まれません。あることをしたいという強い気持ちは、その能力が高いという証拠です。ただ「正しい方法」で育て、専念させてやればよいのです。

とくにこれといったものがなければ、得意分野の才能を活かせる仕事を選ぶのがベストでしょう。しかし、特定の職種に就きたいという願望が強ければ、その仕事を究極の目的とするべきでしょう。

やりたい仕事なら、できるはずです。自分にいちばん合った、していて楽しい仕事や職業を選ぶのは、あなたの当然の権利であり特権でもあるのです。

好きでない仕事を無理にする義務はありません。やりたいことにつながる手段として選ぶ以外は、きらいな仕事をするべきではないのです。

過去の手違いから、あなたが望まない仕事や環境に身を置いたとしても、当面の間は気に入らない仕事を続けなければなりません。今の仕事はやりたいことを可能にする手段だと思って、仕事がなるべく楽しめるようにしてください。

今の仕事が合わないと感じていても、急いでほかの仕事に移るようなことはしないでください。仕事や環境を変えるには、たいてい、あなた自身が成長するのがいちばんよい方法です。

転機が訪れたときにはよく考えてみることです。それがまたとない機会なら、おそれず急激で過激な大転換をはかる必要があります。ただし自信がなければ、そのような行動は控えるべきでしょう。

## あせりは禁物

実のところ、創造力をはたらかせるなら、急ぐ必要はまったくありません。機会はいくらでもあるからです。

競争心を捨ててしまえば、性急に行動する必要のないことがわかるでしょう。あなたの望んだものを奪おうとする人など、どこにもいないのです。それはつまり、すべての人にとって十分なものがあるからです。ある場所がだれかに取られたら、いずれ別のもっとよい場所があなたに用意されるでしょう。

時間はたっぷりあるのです。迷っているなら待つことです。今一度、あなたの描いたイメージをじっくりと考えてみてください。決意と確信を深め、どんなときでも——たとえ不安と優柔不断の気持ちに満ちたときでも——感謝の気持ちを忘れないようにしてください。

一日ないしは二日間、時間をかけて願望のイメージを描いてください。そして、もうすぐそれが実現することをこころから感謝しながら想像してみてください。そうすれば、あなたの心と《崇高なる者》が堅く結びつき、たしかな活動をすることができるようになるでしょう。

全知のこころには、知らないことはありません。人生を充実させる決意と確信があれば、そして深い感謝の気持ちがあれば、あなたはそのこころと結びつくことができるのです。

行き違いが起こるのは、性急に行動したりおそれや不安を抱いたり、万物に活力をもたらす「正しい目的」を忘れるためです。《確実な方法》にしたがうならば、機会は何度でも、いくらでもやってきます。

あなたは決意と確信を堅く守り、敬虔《けいけん》な感謝の念をもって《完全なるこころ》とあなた自身のこころを通わせてください。

毎日、できることはすべて完璧に、しかしあせったり悩んだり不安を感じることなく、行なってください。できるかぎり迅速に行動することです。ただし、決して急いではなりません。

急いだ瞬間に、あなたは創造ではなく「競争」に身を置くことになります。また以前に舞い戻ってしまうのです。

自分が急いでいると感じたなら、停止を命じ、願望のイメージを思い浮かべてください。そして、それに近づきつつあることを感謝してください。

「感謝」は、かならずあなたの確信を深め、決意を新たにするのです。

# 第14章

# 人を惹きつける強い力

仕事を変えるかどうかは別として、さしあたっては、あなたは今の仕事に付随《ふずい》する活動をしていかなければなりません。

思いどおりの仕事をしようとするなら、すでに認められた能力を積極的に利用して、《確実な方法》にしたがって、まず日々の仕事をこなすことから始めてください。その場合には必ず、相手に「繁栄の感覚」をもたらすことが秘訣となります。

繁栄はすべての人が求めるもので、人間の内部にある《無形の知》が外に出ようとする強い力のあらわれです。

繁栄願望は自然界のすべてに存する、宇宙の本質的な衝動です。

人間のあらゆる活動の根底には繁栄願望があり、豊富な食糧、多くの衣類、よりよい住まい、豊富なぜいたく品、洗練された美、深い知識、さらに大きな喜びなど、人々はもっと豊かになれるもの、活力を高めるものを望んでいます。

あらゆる生き物は、このように持続的な成長を続ける必要があり、成長が止まったとたんに、滅びて死んでしまいます。

人間は本能的にそのことを知っているために、さらに多くを求めつづけているわけです。

はてしなく繁栄しつづけるというこの法則は、才能のたとえ話の中でイエスが言及されたものでした。

「持っている人は、さらに与えられ、持たない人は、持っていると思っているものまでも取りあげられる[1]（からです）」

## 関わる人すべてに繁栄をもたらす

「豊かになりたい」という願望はだれしもが抱く自然なもので、邪悪なものでも非難されるべきものでもありません。さまざまな物資に恵まれた生活への願望であり、憧れなのです。

その願望が、強い本能としてすべての人に備わっているために、人は豊富な生活手段をもたらす相手に魅力を感じるのです。

今までに述べた《確実な方法》にしたがうかぎり、あなた自身は繁栄しつづけ、

1）
『ルカの福音書』第８章18節

あなたと関わる人々すべてに繁栄をもたらします。

あなたは創造力の源でありますから、つまりは、万物に成長をもたらす源なのです。

そのことに確信をもって、男性でも女性でも子どもでも、あなたと関わるすべての人に、そのことを確信させてあげてください。

どんなに小さな取引でも、たとえば幼子《おさなご》にキャンディをひとつ売るような場合でも、繁栄の思いをその取引に込め、相手にそれが間違いなく伝わるようにするのです。

なにをするときにも進歩する感覚を伝えてください。そうすれば、あらゆる人に、あなたが《進歩する人間》であることが伝わって、あなたはすべての人を成長させてあげられるのです。

道端で出会う人に対しても商売は抜きにして、取引をしない人に対しても、繁栄する感覚を伝えてください。

この感覚を伝えるためには、あなた自身が「まさに繁栄の途上にある」ことを確信しなければなりません。そして、それをあらゆる活動の励みにして、なにごとも十分な確信を込めて行なわなければなりません。

なにをするときにも、あなた自身が進歩し、あらゆる人を進歩させていることを堅く信じて、活動をしてください。

あなた自身がだんだん豊かになっていくことを実感してください。それによってほかの人も豊かになり、すべての人に利益がもたらされていることを感じてください。

成功を自慢したり誇示したりしてはいけません。不必要なおしゃべりもしてはいけません。心から確信しているなら、得意になったりしないことです。

自慢ばかりする人はたいてい、心の底では自信がなく不安を感じています。あなたはひたすら確信し、取引をするたびに、行動や声の調子や表情に、豊かになりつつあることや、すでに豊かになったことを、無言のうちにもはっきりと示してください。

こうした感情を伝えるために言葉は不要です。あなたを見ただけで相手は繁栄の感覚に触れ、ふたたびあなたに惹かれて来ることでしょう。

あなたと接することで自分自身も繁栄できるという感覚を、相手に持ってもらえるようにしてください。それが商品の代価以上の利用価値を、相手にもたらすということです。

真摯《しんし》な誇りをもってそれを行ない、あらゆる人に価値をもたらしてあげてください。そうすれば、お客さんがひきもきらずに来てくれることでしょう。

人々は繁栄をもたらすほうに向かうでしょうし、万物の繁栄をお望みになる全知の神はあなたのもとに、あなたのことを知らなかった人々を向かわせてくださいます。

あなたの仕事は急速に発展し、驚くべき予想外の利益がもたらされることでしょう。あなたは日々売上げの数字を伸ばし、利益を増大させ、望むなら、もっとふさわしい仕事をすることもできるでしょう。

ただし、こうした仕事をしているときにも、望んだもののイメージと、それを手に入れる決意と確信を忘れてはなりません。

## 支配欲を捨て去る

行動の動機について、ひとこと申し沿えておきましょう。

人を支配したいという、よこしまな誘惑に乗ってはいけません。

未熟で未完成な人間にとって、支配力をふるうことほど快感を覚えることはないのです。

**身勝手な支配欲こそ、世界を苦しめてきた元凶なのです。**

じつに長い間、歴代の国王、封建領主らは領土拡大をもくろんで戦をし、そのたびに大地を血で染めてきました。かれらの目的は万物に活力をもたらすことではなく、支配者ひとりがいっそう強力な権力を手にすることでした。

こんにちでは、実業界においても産業界においても主たる目的は同じです。

人々はドル札の軍隊を整列させ、同様の支配権をめぐって同様の争奪戦をくり広げ、何百万という人々の人生やこころを荒廃させています。商業分野の大物も、政治における王と同様、権力欲に動かされているのです。

イエスはこの支配欲を、悪魔にそそのかされての衝動と喝破《かっぱ》され、滅ぼそうとなさいました。

『マタイの福音』第23章を読むことです。そうすれば、パリサイ人たちがいかに「先生」と呼ばれ、上座につき、群集に命令し、重い荷を人の肩に載せたがっているかがわかるでしょう。

イエスは、パリサイ人の支配欲を、「弟子」である「兄弟」たちが神を呼び求める姿と対比されました。

権力を追い求めたり、「先生」と呼ばれたり、自分を高みにおいたり、ぜいたくにして人に見せたいという衝動を抱かないよう、警戒しなければなりません。人を支配したいという心の動きは、競争心であり、創造力ではありません。あなたの環境や運命を動かすために、同胞を働かせる必要はないのです。

地位をめぐる熾烈《しれつ》な競争に足を踏み入れてしまうと、あなた自身が運命と環境に支配されてしまいます。そして、豊かになるには、運を恃《たの》むか投機をするしかない、ということになります。

「競争心には気をつけろ！」ということです。「黄金律《ゴールデンルール》」を標榜《ひょうぼう》したトリド市の故ジョーンズ氏[2]の言葉ほど、創造的な活動がどのようにして生み出されるかをよくあらわした文言はないでしょう。

「何事でも、自分にしてもらいたいことは、ほかの人にもそのようにしなさい[3]」

これがサミュエル・ジョーンズの標榜した黄金律でした。

２）
オハイオ州トリド市長をつとめた実業家、サミュエル・ジョーンズ（1846-1904）は自社工場で１日８時間労働、最低賃金制、有給休暇などの改革を導入、児童就労を禁止した。

３）
『マタイの福音書』第７章12節

# 第15章

# 進歩する人間でありつづける

前章の内容は、商売にかかわる人だけでなく、専門職の人にも工場労働者にもあてはまることです。

医師、牧師、教師——職業がなんであろうと、人々に繁栄の感覚をもたらすことができれば、あなたのもとには人が集まり、豊かになれることでしょう。

医師が開業医として大成したいという願望を抱いて、その実現にむけて決意と確信をもって努力するならば、これまでの例と同じように《生命の源》と密接な関係をもつことで、やがて驚異的なまでに大成功して、患者が群れをなして来るようになるでしょう。

開業医は、本書の教えをすばらしく活かすことのできる職業の好例といえます。その医師がどの学派に属しているかは問題ではありません。治療の原理はどの学派にも共通であるか、共通点が見いだせるものだからです。

開業医の世界で《進歩する人間》は、成功した自分自身のイメージをはっきりと持ち、決意と確信と感謝の法則にしたがって、受け持つ患者のあらゆる病気を、どれほど困難でも可能なかぎり治療していくことでしょう。

宗教の分野では、豊かな生活の実現方法を説く牧師を、人々は切に望んでいます。豊かになるための科学的方法を詳しく修得し、健康や人望や愛に恵まれる方法とあわせて説教壇から説くならば、牧師は信徒のあつい支持を得ることでしょう。

それこそが世界の求める福音であり、人々の生活を繁栄させるものです。人々は喜んでそれを聞き、知識をもたらしてくれた牧師を惜しみなく支援することでしょう。

人々が求めているのは、説教壇に立つ牧師自身が実例を示してくれることです。われわれは牧師がその方法を説くだけではなく、みずからその方法を実践することを求めています。

牧師自身が豊かになり、健康を得、人望をあつめ、愛される人間になり、どうすればそうなれるかを教えてくれることを求めています。もしもそれができるなら、その牧師はひじょうに多くの、忠実な信徒に恵まれることでしょう。

教師についても事情は同じです。決意と確信をもって人生を豊かにしようと子どもを励ます教師なら、「失業」することはありません。教師にこの決意と確信さえあれば、自分が体得し実践していることをぜひとも子どもたちに伝えたくなるはずです。

医師と牧師と教師の例によって証明されたことはそのまま、法律家にも、歯医者にも、不動産業者にも、保険外交員にも、その他のあらゆる職業の人にあてはまります。

## 自分自身のために仕事に打ち込む

思考と行動を、私のいうとおりに両立させるなら、ぜったいに失敗することはなく、確実に効果を上げられます。着実に、持続して、しかも正確にこの教えを守るなら、かならず豊かになれるのです。

繁栄の法則は、引力のはたらきと同じように数学的に確実であり、豊かになることは、まことに客観的で明確な科学的知識なのです。

工場で働く人にもほかの職業と同様に、こうした事情があてはまることがおわかりいただけることでしょう。出世の可能性のない職場で賃金は少なく生活費が高いからといって、機会が閉ざされていると悲観することはありません。

毎日、あなたにできる仕事はすべてやることです。なにをするときにも成功させようという意思と、豊かになろうという決意を込めて、ひとつひとつの作業を完璧にやり遂げてください。

これは経営者のご機嫌をとるためだけにすることではありません。上の人があなたの仕事ぶりを見て出世させてくれるのではないか、と期待しても、たいていは当てがはずれるものです。

能力を出しきって与えられた仕事をし、それで満足する労働者は、経営者にとって価値あるひとりの「優秀な」人員にすぎません。経営者はその人を出世させようとは考えません。ますます今の仕事をさせようとするでしょう。

すなわち確実に進歩するためには、今の仕事をやりとげるというだけでは足らないのです。

確実に進歩する人とは、今の立場におさまりきらない人であり、なにになりたいかが明確になっていて、「かならずそうなる」という希望と決意をもった人です。

経営者をよろこばせるのではなく、あなた自身を進歩させるために今の仕事をやりとげてください。勤務中も仕事の前後も、進歩するという決意と確信をもって励むのです。

上司も同僚も世間の知り合いも、接する人がみな、あなたの発する強い力を感じてくれるように、決意と確信を持ってください。そうすれば、進歩し繁栄するという感覚が、かならず相手に伝わることでしょう。

そうするうちに、いろいろな人があなたに興味をもつようになり、今の仕事にこれ以上の可能性がないとわかれば、やがて別の仕事に移る機会がやって来ます。摂理にしたがって活動する《進歩する人間》には、つねに機会を与える《力》がはたらきます。

もしもあなたが《確実な方法》にしたがって活動するなら、神はあなたに手をさしのべずにはいられません。それは神が自らを助くるためでもあります。

## 万物は、あなたのために存在する

環境にも、工場にもあなたを押さえつける権利はありません。もしも鉄鋼トラストで働いても豊かになれないなら、10エーカーの農地を手に入れて豊かになることもできるでしょう。《確実な方法》にしたがって行動をはじめるなら、鉄鋼トラストの「歯車」から解放されます。農場でもどこにでも、行きたいところに移ればよいのです。

何千人もの従業員が《確実な方法》でことを起こせば、鉄鋼業界は、そのうちに苦境に立たされ、労働者に機会を与え離職を認めざるをえなくなるでしょう。だれもトラストのために働く必要はありません。トラストが労働者を、いわゆる救いようのない状況に留めておけるのは、ただ、かれらが豊かになる科学的方法を知らないか、考えることを怠ってその方法を守らないからです。

以上のように考え、行動することです。あなたが決意と確信を持ちつづけていれば、状況を改善するための機会に敏感になるはずです。

機会はすぐにおとずれます。それは《万物》の中にいます、あなたのために動いてくださる《神》が、機会を運んでこられます。

願望のすべてがかなう機会を待ってはいけません。今よりもよくなる機会がおとずれて、あなたの気持ちが動かされるようなら、それをつかんでごらんなさい。それが、いっそう大きな機会に向けての最初の一歩になるのです。

この宇宙において、進歩する人生を送っている人に機会がおとずれないはずはないのです。

**宇宙という組織には本来、万物はひとりのために存在し、力を合わせてひとりのためにはたらく、という性質が備わっています。**そのため、《確実な方法》にしたがって行動し思考すれば、間違いなく豊かになれるのです。

ですから、たとえ今どんな状況にあったとしても、細心の注意をもって本書をお読みになり、自信をもって行動を起こせばよいのです。

# 第16章

# 注意点と結びの言葉

豊かになるためには客観的で明確な科学的知識があるといっても、たいていの人は信じようとはしないでしょう。多くの人が、富の供給は限られていると思い込み、社会や政府の機関が変わらなければ多少なりとも資産を持てるようにはならない、と考えているからです。

しかし、そうではないのです。

たしかに、現在の政府のもとでは、大衆はお金に恵まれないでいます。ですがそれは、その人々が《確実な方法》に従って行動しないからです。

もしも大衆が本書の教える内容にしたがって行動するならば、政府も産業界もそれを防ぐことはできません。こうした動きが高まっていけば、あらゆる体制が改変されることになるでしょう。

大衆が「進歩しようとする気持ち」と、かならず豊かになれるという「確信」と、豊かになるという不動の目的をもって動きはじめたら、なにものもかれらを窮乏状態に留めておくことはできません。

だれでも、いつからでも、どのような政府のもとでも、《確実な方法》にしたがうことで豊かになれます。その人数が格段に増えれば、どのような政治体制であろうと、そのために現体制は改変され、ほかの人々に道が開かれることになるでしょう。

多くの人が競争原理によって豊かになるなら、そうでない人の状況は悪くなります。しかし多くの人が創造力をはたらかせることによって豊かになるならば、その他の人にもよい状況がもたらされます。

大衆を経済的に救済するためには、かれらが本書に書かれた科学的方法を実践して豊かになる以外にはありません。その人々はやがてだれかにこの方法を伝え、励まして、充実した人生を望む気持ちや、かならず達成できるという確信と決意を持つように奮い立たせていくでしょう。

しかしさしあたっては、豊かになることを阻んでいるのは、現在の政府でも資本主義的あるいは競争主義的産業でもない、と知るだけで十分です。創造的な思考をするようになると、あなたはそうしたものから超越し、別世界へと行けるのです。

ただし、つねに創造的な思考ができるように、つとめてください。そうすれば、与えられるものに限りがあると思ったり、競争心から倫理的に苦しむこともないでしょう。

以前の思考方法に戻ったら、すみやかに軌道修正するべきです。なぜなら、競争心を抱いている間は、「すべてをつかさどる心」の協力を得られなくなるからです。

## 何事も恐れることはない

将来の不測の事態にどのように対処するべきか、あれこれ考えて時間をむだにしてはいけません。明日起こるかもしれない不測の事態ではなく、今日の仕事を完璧にすることだけを考えてください。不測の事態には、その状況になってから対処すればよいのです。

障害が明白で今すぐに進路を変えなければ避けられない、という場合でもないかぎり、頭の片隅にぼんやり浮かんだ不安に、どのように対処するかで思い悩む必要はありません。

遠くにどれほど大きな障害があらわれようと、《確実な方法》にしたがって進むうちに、はるか遠くからでも、あるいはそれにさしかかったとき、あるいはまわりに近づいた時には、その障害が消えていることがわかるでしょう。

どれほど複雑な状況に陥ったとしても、科学的な法則にしたがって豊かになる方向に向かっているかぎり、失敗することなどありえません。

この法則に従うならば「2×2」のかけ算がつねに「4」であるのと同様、豊かにならないはずはないのです。

災害に見舞われたり、障害が起きたり、恐慌に襲われたり、その他好ましくない状況が一度に起きたとしても、思いわずらうことはないのです。今この瞬間にもその可能性は十分あります。しかし、あらゆる困難はやがて過ぎ去るということを、あなたもやがて学ぶでしょう。

言葉には気をつけるべきです。自分のことも、仕事についても、弱気な、やる気をなくさせるような話し方はしないことです。

失敗の可能性について触れたり、失敗を示唆《しさ》するような話し方はするべきではありません。

困難な時代であるとか、景気の先行きが不安であるということは、話題にしないことです。競争社会に生きていれば、困難な時代かもしれませんし、景気の先行きは不安かもしれません。

しかし、あなたにとってはちがいます。望んだものを創り出す力があるのですから、あなたに不安はありません。

ほかの人たちが困難な時代で不景気にあえいでいるときでも、あなたは最高の機会を見いだすことができるのです。

世界を「生成過程にあるもの」と認識するよう努力してください。

世界は成長していて、わざわいがあれば、それは未熟なために起こる現象なのだと考えるようにしてください。いつでも進歩していることを感じながら話をしてください。

そうでなければあなたの確信はあやふやなものとなり、あやふやとなった確信はいずれ、消滅するのです。

どんなときにも、絶望することなどありません。特定の時期に、特定のものを手に入れたいと期待して、その時期に手に入らなければ、失敗だったと思うのはまちがいです。

しかし確信があれば、あなたが失敗だと思ったものは、失敗に見えただけだということがわかるでしょう。

《確実な方法》にしたがってまい進してください。そうすれば、望みのものを得られなくても、時が経てば、それよりはるかに素晴らしいものをあなたは手に入れ、失敗と思われた経験がほんとうはすばらしい成功だったと思えるようになるでしょう。

この方法を学んだある人は、念願の企業を買収しようと、何週間もその実現のために努力しました。重要な時期にさしかかったときに、その計画はまったく不可解としかいいようのない方法で頓挫《とんざ》しました。まるで目に見えない力が働いて、ひそかにその人の足を引っ張っているかのようでした。

その人は絶望するかわりに、希望が覆されたことを神に感謝し、感謝の気持ちを持って着実にまい進したのです。

数週間後には、いずれにしても以前の取引がうまくいかなくてよかった、と思えるほどの素晴らしい機会に恵まれました。そして、その人は自分の知を超えた《知性》の導きで、小さな利益にかかずらわって大きな結果を失うことを免れたのを知ったのでした。

このように、失敗と見えたものは、確信を持ちつづけ、決意を忘れず、感謝の気持ちをもってその日のうちに行なうことはすべて行ない、ひとつひとつの活動を十分にしているうちに、やがてよい結果をもたらしてくれるのです。

**失敗をするのは、求め方が十分でなかったということです。求めつづけることです。そうすればさらに素晴らしいものが、確実にあなたにもたらされるでしょう。**

## 本書をくり返し読み、実践する

やりたいことがあるのに、必要な才能がないというだけで失敗することはありません。私のいったことをしてみてください。その仕事に必要なあらゆる才能を伸ばすことができるはずです。

才能を伸ばすための科学的方法を述べるのは、本書の扱うところではありません。しかしそれは、豊かになる方法と同様に確実で簡明な方法であるはずです。

あるところまできて才能不足のために失敗するのではないかと恐れたり、ためらったり動揺してはいけません。そのときには、能力はすでに備わっているはずです。十分な教育を受けなかったリンカーンに、たったひとりでとてつもない政治的偉業をとげさせた、その同じ「能力」が、あなたにも備わっています。

あなたはその能力を利用して智恵を駆使し、あなたに課された責任をまっとうすることができるのです。心から確信して始めてください。

しっかりと本書を読むことです。本書をいつでもあなたの友として、ここに書かれた内容をすべて修得してください。

本書の内容をこころから確信できれば、それほど気晴らしや楽しみがなくても、あなたはうまくやっていけるでしょう。そして、本書の内容と相容れない考え方を奨励する講義や説教が行なわれる場所には、近づかないことです。

悲観的な、あるいは本書と相容れない内容の本を読んだり、本書の内容について論争したりしないでください。

自由時間には願望のイメージを深く掘りさげ、感謝の気持ちを育んで、本書を読むことに費やしてください。本書を読めば豊かになるために必要な科学的知識のすべてが、得られるのです。

# 最終章　本法則の要旨

万物の源は思考する物質です。思考する物質とは、始原の状態で宇宙空間のすみずみまで広がり、浸透し、充満しているものです。

思考する物質の中に生まれた思考は、思い描いたとおりのものを形成し生み出します。

人はさまざまなものの形を考えて、混沌に伝え、それが生み出されるよう、働きかけます。

そのためには競争心を捨て、創造力をはたらかせなければなりません。そうしなければ競争心とは無縁の、創造の力に満ちた《無形の知》と力を合わせることはできません。

人が《混沌》と完全に一体になるためには、その恩恵につねに深い感謝の念を持つことが必要です。感謝の念を持つことで、人の気持ちと《物質》の知性とが結びつき、思考が《混沌》に伝わるようになるのです。つねに深い感謝の念を持ちつづけなければ、人は創造力を発揮することはできません。

手に入れたいもの、したいこと、なりたいものの正確で明確なイメージを描かなければなりません。そのイメージをずっと持ちつづけ、さらに《神》に深い感謝の念を持ちつづけることが必要です。

豊かになりたいと望む人は、自由時間にはその「イメージ」を深く掘りさげ、それがもうすぐ実現するであろうことを心から感謝しなければなりません。

イメージを掘りさげるとともに、ゆるぎない確信と敬虔《けいけん》な感謝の念を持ちつづけることがなによりも重要です。それによってイメージが《混沌》に伝えられ、創造力がはたらきはじめるのです。

創造的なエネルギーは、自然界の成長や、産業や社会秩序の中で既存の経路を通ってはたらきます。イメージに描かれたものはすべて、前述の教えを守る、強い確信を持つ人にもたらされます。望んだものは、従来の流通経路を通ってもたらされることになるでしょう。

それを自分のものにするためには、行動によって働きかけなければなりません。行動とは、今の仕事におさまりきらない活動をすることです。思い描いたイメージを実現させて豊かになるという「決意」を持ちつづけなければなりません。

そして、毎日その日のうちにできることはすべてやり、しかもそれぞれの活動を完璧にすることです。受け取る対価以上のはたらきを、だれに対してもしなければなりません。そうすれば取引をするたびに活力が高まるでしょう。

さらに「進歩する思想」を持ちつづけ、繁栄する感覚が、接するすべての人に伝わるようにすることが大切です。

前述の教えを実践する人は、かならず豊かになります。そしてその人たちの受けとる豊かさは、イメージの正確さと決意の堅さ、確信の強さと感謝の深さに、はっきりと比例するのです。

解説——本田健

# 富を手にする「ただひとつ」の法則を日常生活で実践する方法

本書を読み終えた今、あなたは、どんな感想をお持ちでしょうか？

「やっぱり、イメージが大切だ！」と感激している方もいれば、「そうは言っても、現実的にはどうすればいいのだろう？」と戸惑っている方もいるかもしれません。

今から、『富を手にする「ただひとつ」の法則』のエッセンスを日常的にどう生かすのかについて、お話をさせていただこうと思います。

というのも、私が、本書が世に出るきっかけのひとつを作ったからです。

私のオフィスには、天井まで作り付けになっている本棚があり、世界中から取り寄せた「豊かさと成功に関する」本で埋めつくされています。そして二年半ほど前に、たまたま本の打ち合わせでいらしたフォレスト出版の編集の方が、「これはどんな内容の本ですか？」と手にとったのが本書でした。

その編集の方の、ぜひとも日本の読者に紹介したいという情熱が、この本の出版につながったのです。その情熱を受けて、本書の実践活用法のお話をさせていただきます。

## 豊かさとは、自分のやりたいことをやること

本書は、一〇〇年近く前に書かれていますが、現代の誰にでも有効なことが書いてあります。そのひとつが、豊かさの定義です。

「豊かさ＝自分のやりたいことをやること」

これ以上に明確な定義があるでしょうか？

残念ながら、本書が書かれた一〇〇年後の現在でも、好きなことだけをやっている人は少数派です。真に豊かな人生を実現するためには、何をやりたいのか、好きなことは何かを明確にする必要があるでしょう。

実は、私がある出版社と合同で実施した日本の億万長者一万二〇〇〇人を対象

にしたアンケート調査でも、同じ結果が出ています。億万長者の人たちは、仕事を「人に喜ばれること」「自分が大好きなこと」「得意なこと」で選んでいるのです。

自分が本当にやりたかったことを追い続けることができれば、その人はもうすでに幸せな人生を生きているのではないかと思います。あなたにとって、やりたいことを一〇〇個書き出してください。やってみるとわかりますが、ほとんど書けないことに戸惑うことでしょう。それは、日常生活の中で、やらなければならないことばかりにフォーカスしていて、やりたいことを考えていないからです。

## 自分で限界をつくらない

自分のやりたいことを中心にして生きていない人が多いのは、「自分にはできない」と信じているためです。また、自分には人を喜ばせられるような才能はないとも信じています。

そのため、自分に合っていない仕事を嫌々やっているのです。

現在、いろんな分野で大成功を収めている人たちも、最初はそうでした。しかし、ふとしたことをきっかけに、「自分にも何かできるかもしれない」と思い至り、そこから少しずつ人生が変わっていっているのです。

一番大切なのは、自分で限界をつくらないことです。

自分に何が出来そうなのかを考える前に、何をやったらワクワクするのかを考えてみてください。自分の才能とまったく違うことでワクワクする人は少ないのです。そうやって、思考の制限を取り払うことから、自由な人生への第一歩は始まります。

## 自由に生きている人とつきあう

自由に生きたいと思うなら、周りで自由に生きている人を探してください。経済的、感情的、社会的に自由な人が周りにいないか、聞いて回ってください。

もちろん、多くの人は、「そんな人いないよ」と言うでしょう。それは、あなたが制限の中に生きているからです。

「自由な人に会おう！」と決めると、不思議な形で、それは実現します。

自由な人と同じ空間を共有すると、今までとは違う形で人生を生きることができます。幸せで豊かに生きている人の「リズム感」をぜひ体に取り込んでください。自由な人が、どのような感性で物事をとらえ、行動しているのかを身近に感じていると、自分もそのように生きることができるのです。

## 人間の最大の幸福は、愛する人に利益をもたらすこと

本書には、すてきな言葉がたくさん出てきますが、これもそのひとつです。愛する人を喜ばせることが出来る人は、本当に幸せです。それは、仕事でも、家庭でも同じでしょう。

ほとんどの人は、仕事をやらなければならないことだと考えています。言ってみれば、義務や役割だと考えているのです。幸せな人や成功している人は、大好きなお客さんを喜ばせる名誉ある楽しい活動として、仕事をとらえています。

愛する人をどのように楽しませたいか、喜ばせたいのか、それを追求しているの

です。

それが、結果的に、やっていることの質を高め、ますますその人の仕事は評判を呼んでいるのです。

## あなたにとって、ワクワクする人生を生きよう！

あなたにとって、ワクワクする人生って、どんなものでしょうか？

それは、あなたにしかわかりません。また、あなたしか、それを実現することはできません。

本書をきっかけとして、あなたが、自由に望むものを手にいれる人生を生きることを心からお祈りしています。自分を信じて、情熱的に夢を追いかけてください。


いつの日か、あなたとお会いできることを楽しみにしています。

**ウォレス D. ワトルズ**（Wallace D. Wattles）

1860年米国生まれ、1911年没とされているが、その真偽の程は不明。

南北戦争の時代を生き、人生の大半は貧困に苦しむこととなる。さまざまな宗教の信条と哲学（デカルト、スピノザ、ライプニッツ、ショーペンハウエル、ヘーゲル、エマソンなど）を学び、独自の成功哲学を構築した。

本書は、ワトルズがこの世を去る前年の1910年に執筆された最後の書とされており、代表作でもある。また、一部ではジェームズ・アレン作品と並び称されるほどの名著とされながらも、決して表に出てくることはなく、限られた成功者と呼ばれる人々に、約1世紀にわたり読み継がれてきた幻の書である。

アール・ナイチンゲール、ロイド・コナントの両名が、本書から多大なる影響を受け、米国最大の自己開発研究機関となったナイチンゲール・コナント社を共同設立したというエピソードがある。

**宇治田郁江**（うじた・いくえ）
1961年生まれ。日本女子大学大学院英文学専攻修士課程終了。海外書評の翻訳、吹替え翻訳を手がける。

【翻訳協力】株式会社トランネット　http://www.trannet.co.jp
【装幀】川島進（スタジオ・ギブ）
【ＤＴＰ】新藤昇

**富を手にする「ただひとつ」の法則**

2005年7月29日　初版発行
2005年9月13日　4刷発行

著　者　ウォレス D. ワトルズ
訳　者　宇治田郁江
発行者　太田　宏
発行所　フォレスト出版株式会社
〒162-0824 東京都新宿区揚場町2－18　白宝ビル5F
電話　03-5229-5750
振替　00110-1-583004
URL　http://www.forestpub.co.jp

印刷・製本 ㈱シナノ



ISBN4-89451-200-9　Printed in Japan